mentor Lektüre Durchblick

Maria Magdalena

Friedrich Hebbel

Inhalt · Hintergrund · Interpretation

Angelika Ortmann-Kleindieck

mentor
Eine Klasse besser.

Willkommen bei »Lektüre Durchblick«!

Sie lesen im Deutschunterricht gerade »Maria Magdalena«?

Dann finden Sie hier in knapper und verständlicher Form – oft auf besonders übersichtlichen Doppelseiten – genau die Informationen, die Sie jetzt brauchen.

Sie werden sehen: Wenn Sie sich mit diesem Hintergrund die »Maria Magdalena« nochmals vornehmen, steht dem vollen Durchblick nichts im Wege. Denn je mehr Sie schon wissen, desto mehr entdecken Sie selbst im Text – und so macht Deutsch-Lektüre erst richtig Spaß!

Viel Erfolg!

Autorin und Verlag

Alle Zitate nach:
Friedrich Hebbel: Maria Magdalena. Ein bürgerliches Trauerspiel in drei Akten. Stuttgart 1994 (= Reclams Universal-Bibliothek Nr. 3173)

Die Autorin:
Angelika Ortmann-Kleindiek, Gymnasiallehrerin für Deutsch und Religionslehre

Inhalt

Die Thematik

Hebbel zeigt am Beispiel einer Tischlerfamilie die für das Individuum verhängnisvollen Folgen einer kleinbürgerlichen Moral, die sich völlig dem gesellschaftlich vorherrschenden Wertesystem und der absoluten Gültigkeit des öffentlichen Ansehens unterwirft. Moral wird so zur Gewalt gegen das Individuum.

»Maria Magdalena« – das Ende des bürgerlichen Trauerspiels

Hebbels Stück wird als Einschnitt in der Geschichte des bürgerlichen Trauerspiels verstanden. Die bürgerliche Moral, die ehemals durchaus fortschrittliche Qualität hatte – etwa in Lessings »Emilia Galotti« –, ist zum Selbstzweck geworden. Das Bürgertum wird nicht mehr – wie noch in Schillers »Kabale und Liebe« – als Opfer der feudalen Machtstrukturen gezeigt, sondern es wird selbst unter Anklage gestellt.

Hebbel deckt in »Maria Magdalena« Gewaltstrukturen auf, die in der modernen Massengesellschaft innerhalb der bürgerlichen Welt und der bürgerlichen Familie bis heute bestehen. Er zeigt, dass das Mittel der moralischen Gewalt gezielt zur Unterdrückung der Individualität benutzt wird. Nach Hebbels Weltanschauung – Pantragismus genannt – steht der Wille des einzelnen Menschen notwendigerweise dem Weltganzen gegenüber und ist schon allein deshalb, weil er existiert und sich verwirklichen will, schuldhaft und muss vernichtet werden; d.h., Gewalt gehört unabdingbar zum Leben. Alles Leben ist tragisch.

Die Grausamkeit der gegen die Hauptfigur Klara gerichteten moralischen Gewalt ist in der bürgerlichen Welt selbst verankert. So markiert der tragische Ausgang des Stückes das Ende des bürgerlichen Trauerspiels und den Beginn der bürgerlichen Tragödie.

Die Handlung in Kürze

Das Stück thematisiert Konflikte innerhalb der Beziehungen des Vaters Meister Anton zu seiner Tochter Klara und zu seinem Sohn Karl. Beide Konflikte münden in der Trennung der Kinder vom Vater: Klara tötet sich, Karl geht zur See.

1. Akt: Verlobung und Juwelendiebstahl

Zwei Handlungen werden zusammengeführt: die Verführungshandlung um Klara und der Juwelendiebstahl um Karl. Klara liebt den Sekretär, verlobt sich aber mit Leonhard, weil sie von ihm schwanger ist. Karl gerät in den Verdacht, Juwelen gestohlen zu haben.

Karls Verhaftung löst den plötzlichen Tod der Mutter aus und dient Leonhard zum willkommenen Anlass, die Verlobung mit Klara zu lösen. Der wahre Grund ist, dass die erwartete Mitgift nicht mehr existiert. Die Schande der Verhaftung seines Sohnes lässt den Vater nun auch Angst um seine Tochter empfinden, von der er einen Schwur auf ihre Unschuld verlangt.

2. Akt: Karls Unschuld, Klaras Schande

Der Diebstahl wird aufgeklärt: Karl ist unschuldig. Der Vater droht Klara abermals mit Selbstmord, falls sie ihm öffentlich Schande bereiten werde. Da der Sekretär Klara aus verletzter männlicher Ehre nicht heiraten will, bleibt ihr nur noch der Versuch, den ihr verhassten Leonhard doch noch zur Heirat zu bewegen.

3. Akt: Klaras Selbstmord, Karls Aufbruch

Als Leonhard ihre Bitte abschlägt, stürzt sich Klara in den Brunnen. Der Sekretär wird im Duell, in dem er Leonhard tötet, selbst tödlich verletzt. Da Karl Seemann werden will, bleibt Meister Anton allein zurück.

Die Personen

Im Zentrum steht Klara. Sie gerät in einen „Vernichtungsmechanismus". Sie wird zwischen den „Fronten" zerrieben. Es zeigt sich auch deutlich die fest gefügte „Ordnung" der bürgerlichen Welt.

Welt der Wertgebundenheit: EHRE

Familie Anton

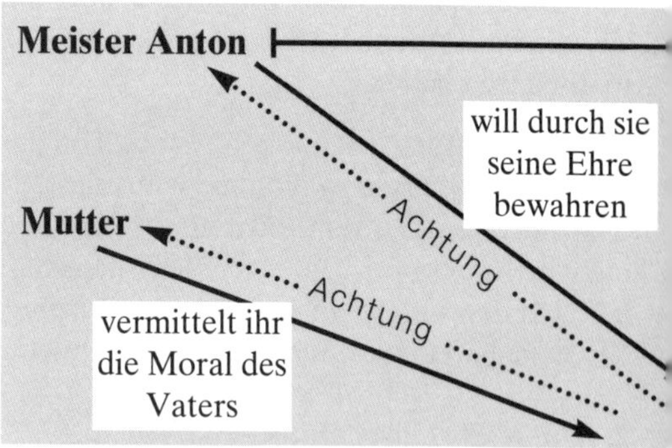

„Außenwelt"

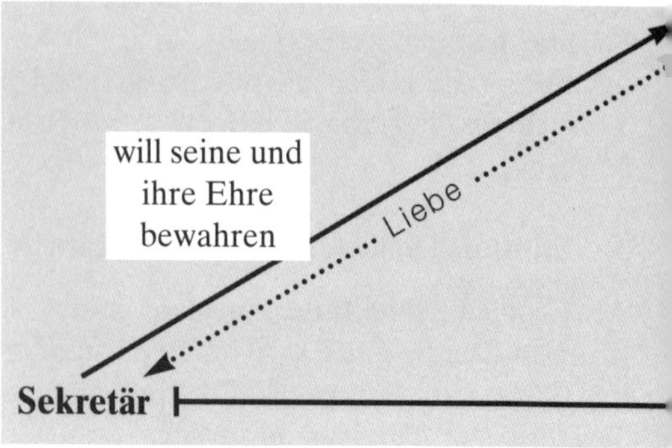

Welt der scheinbaren Wertfreiheit: EGOISMUS

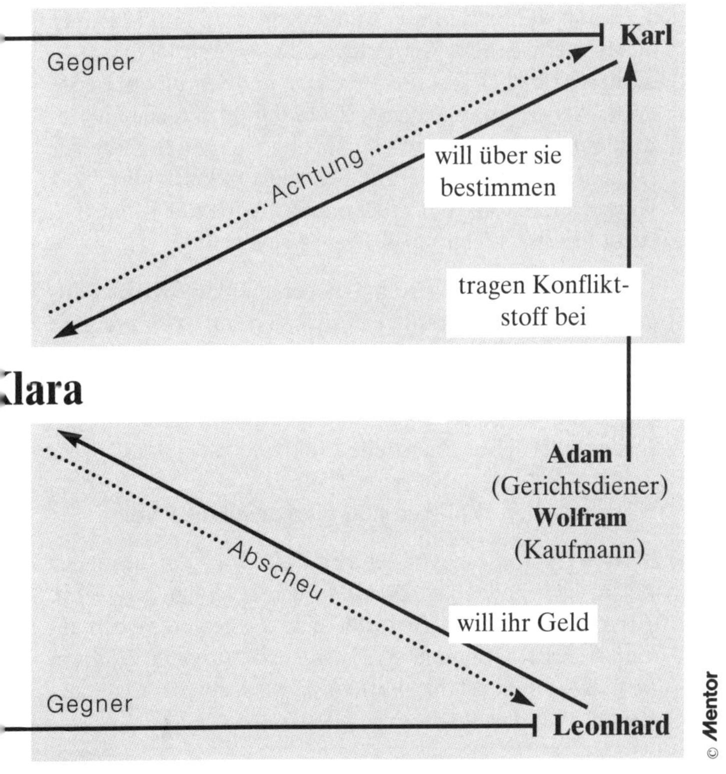

Die Handlung

Das Stück spielt zu Hebbels Zeit, also Mitte des 19. Jahrhunderts, in einer *mittleren Stadt.* Die Handlung erstreckt sich über acht Tage.
Die Handlung spielt an zwei Schauplätzen: im Haus Meister Antons und in einem *Zimmer bei Leonhard.*

Vorgeschichte

Klara zwischen Friedrich und Leonhard

Klara hat von ihrer Jugendliebe Friedrich (im Drama: *ein Sekretär*) während seiner Studienjahre zu ihrem Kummer nichts mehr gehört. Sie duldet nun – durch ihre Mutter darin bestärkt (I/3) – die Werbung des Schreibers Leonhard. Als sie eines Abends Friedrich überraschend wiedersieht, wird Leonhard eifersüchtig und nötigt Klara zur sexuellen Hingabe, die zur Schwangerschaft führt. Aus Rücksicht auf die sehr ernst erkrankte Mutter Klaras besucht Friedrich Klara nicht, bevor jene genesen ist.

Der Schreiber Leonhard hat es vor allem auf Klaras Mitgift abgesehen. Er erschleicht sich das Amt des Kassierers (I/4), um für Meister Anton als ernsthafter Bewerber um Klara zu gelten. Dieser hat die 1000 Taler Mitgift jedoch aus Dankbarkeit seinem früheren Meister Gebhard geschenkt, als dieser finanzielle Probleme hatte (I/5).

Karl zwischen Wolfram und Gerichtsdiener Adam

Meister Anton hat vor einiger Zeit den Gerichtsdiener Adam aus Standesdünkel öffentlich beleidigt (vgl. II/3). Als nun sein Sohn Karl, der eine Handwerksarbeit im Hause des Kaufmanns Wolfram ausführte, von Wolfram des Juwelendiebstahls bezichtigt wird, nutzt Adam die Gelegenheit zur Rache (vgl. III/10).

1. Akt

1. Szene: Die Mutter im Hochzeitskleid

Klaras Mutter ist Gott dafür dankbar, dass sie nach schwerer Krankheit wieder gesund ist, und hat sich zum Heiligen Abendmahl mit ihrem ehemaligen Brautkleid geschmückt. Klara wundert sich über die Aufmachung ihrer Mutter, die diese im Gespräch mit Klara begründet:

- ✔ Das Kleid erinnert sie – wie ihre Krankheit – an den Tod, denn es wird ihr Leichenkleid sein.
- ✔ Es gemahnt sie an ihre Vorsätze zur Hochzeit, die sie ihrer Meinung nach noch einlösen muss, um makellos vor Gott treten zu können.

Hier zeigt sich ein thematischer Schwerpunkt in der Verknüpfung der beiden **Motive Hochzeit und Tod** sowie in der Anspielung auf die bräutliche Jungfräulichkeit (Myrtenkranz der Mutter bei ihrer Heirat). Die strenge, kleinliche Frömmigkeit der Mutter (Bigotterie) wirft ein Licht auf die religiöse Erziehung im Hause Anton.

2. Szene: Karl will Geld von der Mutter

Karl kommt hinzu. Als seine Schwester Klara ihn verwundert nach der Herkunft seiner neuen goldenen Kette fragt, ist er gekränkt. Von der Mutter will er einen Gulden haben und ist verstimmt, als diese seine Bitte ablehnt.

Er verlässt die beiden, ohne zu sagen, wohin er geht. Im Weggehen betont er noch, dass er sich darüber freut, wenn seine Familie sich wegen seiner Lebensweise Sorgen macht. *Hier im Hause glauben sie von mir ja doch immer das Schlimmste,* ist sein abschließendes Urteil über Eltern und Schwester. Er hat – entgegen den Erwartungen seines Vaters – nicht die Absicht, in die Kirche zu gehen, aber wenn er kein Geld für andere Vergnügungen bekommt, bleibt ihm nichts anderes übrig.

3. Szene: Klärung der Gefühle

Die Gedanken und Gefühle der Mutter kreisen einzig um ihren Sohn Karl. Sie hat **Schuldgefühle,** weil sie Karl immer verwöhnt hat, und glaubt ihrem Mann, der im Verhalten Karls die Folge der verfehlten mütterlichen Erziehung sieht. Sie fürchtet, dass Karl sie nicht liebt, und so sucht sie stets Beweise für seine Liebe zu ihr und Entschuldigungen, wenn er sich lieblos verhalten hat. Die Mutter betrügt sich selbst, indem sie den Blumenstrauß, den ihr Klara schenkt, als ein Geschenk von Karl ansieht: *Oh, er ist gut und hat mich lieb!*

Als die Mutter das Gespräch mit Klara auf Leonhard lenkt, den sie gern als Schwiegersohn sähe, zeigt Klara, dass ihr Leonhard nichts bedeutet: *Mag er wegbleiben!*

Klaras Gedanken und Gefühle kreisen um das **Wohl der Mutter,** deren Krankheit sie als göttliche Strafe für ihren sexuellen Fehltritt ansieht: *Wenn meine Mutter gestorben wäre, nie wär' ich wieder ruhig geworden, denn – – (Mit einem Blick gen Himmel.).* In der folgenden Szene bezeichnet sie Leonhard gegenüber ihren Mund als *entweiht* und bekennt, dass sie am Krankenbett der Mutter gefühlt hat: *meinetwegen liegst du so da!* (I/4, S. 45). Sie beobachtet ihre Mutter auf deren Weg in die Kirche ängstlich vom Fenster aus. Drei Träume beunruhigen sie, und sie erschrickt, als die Mutter dem Totengräber begegnet und die Blumen in ein leeres Grab wirft. Sie sehnt sich danach, ihre vorgebliche Schuld durch ein Opfer zu sühnen.

Das Motiv des Traums spielt im bürgerlichen Trauerspiel eine wichtige Rolle. Hier klingt insbesondere der dreimal wiederholte Traum Emilias vor ihrer Hochzeit an (»Emilia Galotti« von Lessing, II/7), in dem sie träumt, dass sich ihr Hochzeitsgeschmeide in Perlen, die Tränen bedeuten, verwandelt.

4. Szene: Leonhard kommt, um um Klara zu werben

Zunächst geht es im Gespräch zwischen Leonhard und Klara um den Abend, an dem er sie zum Geschlechtsakt nötigte. Während Klara das Geschehen bereut und ihr Nachgeben mit Unsicherheit und Schuldgefühlen erklärt, bestätigt Leonhard seine Tat: *Ich weiß, daß ich dich mir nur so erhalten konnte.* Er erklärt, dass er nun Kassierer sei und um Klaras Hand anhalten könne. Klara ist entsetzt über die **Skrupellosigkeit,** mit der er sich seiner betrügerischen List gegenüber dem Mitbewerber um die Stelle rühmt, kann jedoch wegen ihrer Schwangerschaft die Verlobung nicht lösen: *O mein Gott, an diesen Menschen bin ich gekettet!*

Als Meister Anton kommt, geht Klara in die Küche, und Leonhard zeigt im Selbstgespräch, dass er Klara nicht liebt, sondern nur ihre Mitgift will.

5. Szene: Meister Anton nimmt Leonhards Werbung an

Meister Anton hat schon von Leonhards beruflichem Erfolg gehört.

Nach einigen Klagen Meister Antons über seinen Sohn Karl lenkt Leonhard, der etwas über den Verbleib der von ihm erhofften 1000 Taler Mitgift erfahren will, das Gespräch auf den bevorstehenden Konkurs des Apothekers, da Meister Anton diesem offenbar einmal Geld geliehen hat. Solange Leonhard mit dem Geld rechnet, zeigt er sich ehrlich und gottesfürchtig (Verweis auf das biblische Motiv der Werbung Jacobs um Rahel). Meister Anton nimmt ihn als Schwiegersohn an. Erst danach erzählt er vom Verlust der 1000 Taler, die er seinem früheren Meister Gebhard geliehen hat, als dieser in Not war, und die er ihm im Tod aus Dankbarkeit erlassen hat. Während Meister Anton in seiner Erzählung seine Lebenseinstellung und einen Teil seiner Lebensgeschichte offenbart, ärgert sich Leonhard über die verlorene Mitgift.

6. Szene: Die Nachricht vom Juwelendiebstahl

Die Mutter kommt hinzu und spricht mit ihrem Mann über ihre überwundene Krankheit und die Begegnung mit dem Totengräber. Währenddessen liest Leonhard im *Wochenblatt.* Die Nachricht von einem Juwelendiebstahl beim Kaufmann Wolfram teilt Leonhard den beiden als Zeitungsneuigkeit mit. Durch diese Nachricht wird die Aufmerksamkeit des Ehepaars auf den Sohn Karl gelenkt, der vor kurzem bei Wolfram gearbeitet hat.

7. Szene: Grundlegende Änderung der Verhältnisse

Zwei Gerichtsdiener, darunter Adam, der Meister Anton hasst, seit ihn dieser öffentlich gedemütigt hat, bringen die Nachricht von **Karls Verhaftung.** Karl wird verdächtigt, Juwelen gestohlen zu haben. Als die Mutter das hört, stirbt sie durch den Schock.

Leonhard gibt vor, einen Arzt holen zu wollen, nutzt jedoch die Gelegenheit, um einen Brief an Klara zu schreiben, in dem er das Verlöbnis mit ihr – als Schwester eines vermeintlichen Diebes – löst.

Meister Anton reagiert auf den Tod seiner Frau sachlich und gefühlskalt. Während er mit verletzendem Spott von Karl redet, verteidigt Klara, die zu Beginn der Szene zum Tischdecken den Raum betreten hat, ihren Bruder vor dem vernichtenden väterlichen Urteil: *Muttermörder.* Als **Leonhards Brief** gebracht wird und Klara entsetzt auf den Inhalt reagiert, schöpft Meister Anton Verdacht. *Was ist das? Bist du –,* fragt er und setzt das Wort „schwanger" nicht hinzu.

Als die Gerichtsdiener nach erfolgloser Suche das Haus verlassen haben, bleiben Vater und Tochter mit der Leiche zurück. Der Vater verletzt Klara seelisch zutiefst, indem er sie verdächtigt, ihre Jungfräulichkeit verloren zu haben und damit für sein Verständnis eine Hure zu sein:

[…] du hast ein hübsches Gesicht, […], Augen, Nase und Mund finden gewiß Beifall, werde – du verstehst mich wohl, oder sag mir, es kommt mir so vor, daß du's schon bist!

Schließlich zwingt er Klara, die *fast wahnsinnig* zu Füßen der Leiche *wie ein Kind* nach der Mutter ruft, die Hand der Toten zu ergreifen und einen Eid auf ihre moralische Unschuld zu leisten. Um dem Meineid zu entgehen, spricht sie den Eid mit leicht abgeändertem Text, der sie allerdings am Ende geradezu zum Selbstmord verpflichtet.

Das hier anklingende Schwurmotiv spielt auch in anderen bürgerlichen Trauerspielen eine zentrale Rolle (vgl. Schillers »Kabale und Liebe«, III/6 und V/1).

2. Akt

1. Szene: Meister Anton wälzt die Verantwortung ab

Klara führt seit dem acht Tage zurückliegenden Tod der Mutter den Haushalt. Während sie den Tisch abräumt, wirft Meister Anton ihr ihre Appetitlosigkeit vor und stellt sich als Vorbild hin. Er erlaubt sich anlässlich des familiären Unglücks keinerlei Gefühlsregung und rühmt sein *steinernes Herz*. Dennoch gibt er seinen Wut- und Rachegefühlen dem Sohn gegenüber Raum und äußert Angst vor der Zukunft, die nun nicht mehr überschaubar und geregelt vor ihm liegt. Er droht Klara mit **Selbstmord,** falls auch sie als letzte Stütze seiner Ehre wanken sollte: *[…] dann, **das schwör ich dir zu,** rasier ich den ganzen Kerl weg.* Bevor er zu einem Besuch aufbricht, ruft er noch:

[…] darum vergiß du nicht, was du mir schuldig bist, halte du deinen Schwur, damit ich den meinigen nicht zu halten brauche!

2. Szene: Klara nimmt die Verantwortung auf sich

In einem Monolog bittet Klara Gott um ihren Opfertod für den Vater, für dessen Leben sie sich verantwortlich fühlt. Sie appelliert an den Tod: *Verschone den, dessen Seele sich am tiefsten vor dir wegkrümmt, [...] nimm mich für ihn!* Dieser Todeswunsch steht ihrer positiven Weltsicht *(die schöne Welt)* gegenüber.

> Der **Dualismus,** der in einem Dialog durch die beiden beteiligten Personen zum Ausdruck kommt, soll – nach Hebbel – in jedem **Monolog** ebenfalls deutlich werden, nämlich dadurch, dass die zwei Personen des dramatischen Dialogs in einer Brust *ihr Wesen zu treiben scheinen.*[1]

3. Szene: Der Diebstahl wird aufgeklärt: Karl ist schuldlos

Der Kaufmann Wolfram teilt Klara mit, dass seine eigene, geisteskranke Frau die Juwelen entwendet habe. Er betont zudem, dass nicht er, sondern Gerichtsdiener Adam, der *bis aufs äußerste gegen [ihren] Vater aufgebracht* gewesen sei, auf sofortige Verhaftung Karls gedrängt habe.

4. Szene: Klara gibt sich die alleinige Schuld

Klara hat wiederum **zwiespältige Gefühle:** Sie sieht sich als Einzige, die Schuld auf sich geladen hat, hat jedoch Hoffnung auf Rettung aus ihrer verzweifelten Lage.

5. Szene: Zusammentreffen mit dem Sekretär

Der Sekretär Friedrich kommt, um Meister Anton die Nachricht von der Freilassung Karls zu bringen, trifft jedoch Klara allein an. Sie sprechen über die gemeinsame Jugendzeit und gestehen sich gegenseitig ihre Liebe. Doch als Klara ehrlich bleibt und ihre Notlage offenbart, nimmt

1 T 2971 vom Dez. 1843, in: Tagebücher (s. S. 64), Bd. 2, S. 74

Friedrich sein vorangegangenes Heiratsangebot zurück: *Darüber kann kein Mann weg!* Er verlässt sie mit der Absicht, Leonhard zum Duell zu fordern. Dabei ist seine verletzte Ehre das Hauptmotiv: *[...] man müßte den Hund, der's weiß, aus der Welt wegschießen!* Sollte das gelingen, ist eine Heirat mit Klara für ihn möglich.

6. Szene: Klara will Leonhard aufsuchen

Nachdem Klara in der Begegnung mit Friedrich zunächst neue Hoffnung geschöpft hat, fühlt sie sich nun unglücklicher als zuvor. Sie versteht Friedrichs Reaktion und meint, sie selbst sei es nicht wert, gerettet zu werden. So entschließt sie sich zum Äußersten, um die Ehre und das Leben ihres Vaters zu retten: *Ich bin bald das Weib des Menschen, oder – Gott, nein!* Sie bricht zu Leonhard auf, fest entschlossen, sich zu töten, wenn er einer Heirat nicht zustimmen sollte.

Hebbel schreibt: *Wer Vergebung annimmt, ohne sie zu verdienen, frevelt gegen das Herz [...]. Dies ist der äußerste Punkt sittlicher Verderbnis, [...].*[1]

3. Akt

1. Szene: Leonhard arbeitet an seinem gesellschaftlichen Aufstieg

Leonhard verrichtet in selbstgefälliger Pflichterfüllung in seinem Zimmer Schreibarbeit. Er fühlt sich unangreifbar, und trotz des Mitgefühls mit Klara *(Sie dauert mich)* sind seine Zukunftspläne unumstößlich. Er beabsichtigt, zur Stabilisierung seiner gesellschaftlichen Position *den kleinen Buckel,* die Nichte des Bürgermeisters, zu heiraten. *Trage jeder das Seinige!*, lautet seine Philosophie.

1 T 1863 vom 30.12.1839, in: Tagebücher (s. S. 64), Bd.1, S. 349

2. Szene: Leonhard lehnt Klaras Angebot ab

Als Klara sein Zimmer betritt, wundert sich Leonhard, dass sie jetzt noch zu ihm kommt, und spielt den unbeteiligten Amtmann. Klara lässt ihn jedoch seinen Brief an sie nochmals lesen, und er bestätigt ihr die Gültigkeit und Korrektheit der Entlobung.

Klara spricht davon, dass mit der nun erwiesenen Unschuld Karls die Begründung für die Entlobung hinfällig sei. Sie komme auch nicht in ihrer Rolle als Schwester oder um ihre eigene Schande zu decken, sondern ausschließlich als **Tochter ihres Vaters.** Nur durch ihre Heirat mit Leonhard kann sie den Selbstmord des Vaters verhindern.

Leonhard rührt dies wenig. Er verlangt stattdessen einen Schwur auf Klaras Liebe zu ihm, von dem er sicher weiß, dass sie ihn nicht leisten kann. Klara schwört ihm etwas anderes: völlige sklavische Unterwerfung unter seinen Willen als Ehemann bis hin zur Einwilligung in ihre Ermordung durch ihn, falls ihm eine Scheidung zu teuer sei. Leonhard bleibt weiterhin ungerührt und lehnt die Heirat ab. So ist für Klara nun der Selbstmord unabänderlich:

> *Wär's um mich allein – ich wollt's ja tragen, […]. Aber ich bin's nicht allein, und leichter find ich am Jüngsten Tag noch eine Antwort auf des Richters Frage: warum hast du dich selbst umgebracht? als auf die: warum hast du deinen Vater so weit getrieben?*

Auch hier bleibt Leonhard unberührt. Er ist unfähig, Klaras Beweggründe zu begreifen.

3. Szene: Leonhard erhält Blumen

Ein Knabe, der einen Blumenstrauß von der Nichte des Bürgermeisters bringt, unterbricht das Gespräch. An Leonhards Reaktion werden seine Gefühlskälte und sein Geiz deutlich.

4. Szene: Leonhard weist jegliche Schuld von sich

Leonhard redet sich von der Verantwortung für Klara und das Kind frei, indem er vorgibt, die Nichte des Bürgermeisters sei ebenfalls schon von ihm schwanger. Während er den Bürgermeister respektieren müsse, sei schließlich Meister Anton selbst schuld an Klaras Unglück. Daraufhin bedankt sich Klara selbstgewiss bei ihm:

> *Ja, Mensch, es ist kein Hohn, ich danke dir, mir ist, als hätt' ich durch deine Brust bis in den Abgrund der Hölle hinuntergesehen, […] mit dir hab ich nichts mehr zu schaffen, und das ist ein Trost!*

Sie will *noch heute aus der Welt* gehen, damit ihrem Vater die Sünde des Selbstmords erspart bleibt.

5. Szene: Leonhard beschwichtigt sein Gewissen

In diesem Monolog werden Leonhards zwiespältige Gefühle in Bezug auf Klaras Selbstmordabsicht deutlich:

- ✔ Einerseits fühlt er sich verpflichtet, Klara zu heiraten.
- ✔ Andererseits sieht er die Heirat mit Klara als noch verrückter an als deren Selbstmordabsicht.

Hebbel schreibt an Elise Lensing, die ihm zwei Söhne geboren hat (vgl. S. 21): *Kann ich, muß ich heiraten? Kann ich, muß ich einen Schritt tun, der mich auf jeden Fall unglücklich und dich!* [Elise, d. Verf.] *nicht glücklich machen wird?*[1] Elise ist nie seine Frau geworden!

6. Szene: Der Sekretär holt Leonhard zum Duell

Als der Sekretär, zwei Pistolen zeigend, Leonhard zum Duell fordert, gibt dieser klein bei: *[…] ich kann sie ja heiraten!* Das lässt der Sekretär nicht gelten, weil er nur sich selbst zugesteht, Klaras Ehemann zu werden.

1 T 3277 vom 31.12.1844, in: Tagebücher (s. S. 64), Bd. 2, S. 148

7. Szene: Karl kommt nach Hause

Er äußert Rachepläne gegen den Gerichtsdiener Adam. Der Tod seiner Mutter hat ihn dagegen kaum berührt. Auch weil er die unumstößliche, pedantische Ordnung des Elternhauses nicht mehr erträgt, will er Seemann werden.

8. Szene: Klara verlässt das Elternhaus für immer

Als Klara heimkommt, entreißt ihr Karl Leonhards Brief und liest ihn. Zwar will er den Absender *lahm* schlagen, drängt jedoch erst einmal darauf, dass Klara ihm Wein serviert. Er redet von seinem Entschluss, Seemann zu werden, und von seinem Racheplan. Klara reagiert orientierungslos. Ihre Verzweiflung steigert sich zusehends, bis sie selbst das Vaterunser nicht mehr fehlerfrei beten kann. Karls Wunsch nach einem Glas Wasser gibt Klara den Anlass für ihren Gang zum Brunnen, in den sie sich stürzen will, denn ihr Tod soll wie ein Unfall aussehen.

9. Szene: Karl singt das Seefahrerlied zu Ende

Karl singt die letzte Strophe des Liedes.

10. Szene: Karl teilt dem Vater seinen Entschluss mit

Meister Anton kommt. Er entschuldigt sich nicht für die Vorverurteilung seines Sohnes. Leichthin akzeptiert er Karls Seefahrtsplan, verbietet ihm jedoch, sich zu rächen.

11. Szene: Nachricht von Leonhards und Klaras Tod

Nachdem der Sekretär Leonhard im Duell getötet hat, will er – selbst tödlich getroffen – Meister Anton um Verständnis für Klara bitten. Der erkennt sofort die Sachlage und kündigt seinen Selbstmord an. Auf die Nachricht von Klaras Selbstmord hin bekennt der Sekretär seine Mitschuld an Klaras Tod, Meister Anton jedoch bleibt unversöhnlich: *Ich verstehe die Welt nicht mehr!*

Wer bis zu dieser Seite vorgestoßen ist, weiß jetzt, was in »Maria Magdalena« passiert. Aber ist damit auch klar, was das alles bedeuten soll?

Mancher wird fragen, warum so viel Getue um eine uneheliche Schwangerschaft? ... was geht mich so ein umständliches Gerede an? ... ist doch heute alles kein Problem mehr!

Oder geht es doch um mehr? Die folgenden Seiten enthalten viele Informationen, die so manche Frage beantworten. Doppelseiten bieten auf einen Blick dicht gepacktes Wissen: Es lohnt sich, sie durchzuarbeiten!

✔ Biografisches und Zeitgeschichtliches

Wichtige Ereignisse im Leben Hebbels und einige ausgewählte Werke werden im Zusammenhang mit der Thematik von »Maria Magdalena« dargestellt und ermöglichen einen Einblick in die **Zusammenhänge zwischen Leben und Werk.**

Das Kapitel „Die Entstehungszeit" beschäftigt sich mit verschiedenen literarischen Strömungen der Zeit um 1844 in Deutschland und zeigt deren Auswirkungen auf »Maria Magdalena«. Ein weiteres Kapitel beschreibt die Bedeutung dieses Dramas für die Entwicklung der Gattung „Bürgerliches Trauerspiel".

✔ Konkrete Hilfen zum Textverständnis

Wort- und Sacherklärungen, für die Schule typische Aufgabenstellungen zur Erarbeitung des Dramas mit Lösungsansätzen in Kurzform und – als wichtigster Teil – eine **Interpretation** sollen Ihnen helfen, das Drama zu verstehen und mehr zu sehen, als die Handlung auf den ersten Blick zeigt.

Christian Friedrich Hebbel
✷ **18. März 1813 Wesselburen/Holstein, damals zu Dänemark gehörend**
† **13. Dezember 1863 Wien**

Hebbel gilt als der einzige bedeutende deutsche Dramatiker des bürgerlichen Realismus. Seine Werke zeigen die Vereinzelung und Verdinglichung des Menschen im Zusammenprall von individuellen und gesellschaftlichen Werten.

bis 1827 Die Kindheit als Sohn eines Maurers in Wesselburen ist von teilweise bitterer Armut und Hunger geprägt. Der Vater, der jeden Sonntag in die Kirche ging und seine Hauptaufgabe darin sieht, Armut und Schande von der Familie fernzuhalten, ist übermäßig grausam zu seinen beiden Söhnen. Hebbel schreibt darüber: *Ich träumte mich [...] in meine ängstliche Kindheit zurück, es war nichts zu essen da, und ich zitterte vor meinem Vater wie einst.*[1] Gegen die Anfeindungen seines Vaters schützt ihn die Mutter. In der Gestaltung Meister Antons und seiner Frau greift er deutlich auf das Bild seiner Eltern zurück.

1827–34 Nach dem Tod des Vaters (18.11.1827) arbeitet er als Schreiber; erste Gedichte entstehen. Sein Leben in Wesselburen erscheint ihm als Gefängnis, eine Empfindung, die er später in der Figur Karls gestaltet.

1 T 937 vom Okt. 1837, in: Tagebücher (s. S. 64), Bd.1, S. 178

1835–38 Er verbringt Studienjahre in Hamburg, Heidelberg und München, arbeitet als Korrespondent, finanziell unterstützt von seiner Hamburger Geliebten, Elise Lensing. Ihre Persönlichkeit und die seiner Münchner Geliebten Josepha, Tochter des Tischlermeisters Anton Schwarz, in dessen Haus er zwei Jahre lebt, sind entscheidend für die Gestaltung der Klara geworden. Er erlebt, wie Josephas Bruder eines Tages festgenommen wird, und hat den Eindruck einer Verfinsterung des *ehrbaren Bürgerhauses*[1]. Der Vorfall ist Anstoß für das Drama »Maria Magdalena«.

1839–44 Dies ist die Zeit von der ersten Idee zum Drama »Klara« bis zum Druck der »Maria Magdalene« (= Druckfehler der Erstausgabe). Trotz der Geburt zweier gemeinsamer Söhne heiratet er Elise nicht. In der Figur des Leonhard gestaltet er somit einen Teil seiner eigenen Biografie. Literarisch ist er noch kaum erfolgreich. Seine ersten Dramen verteidigt er in der Schrift »Mein Wort über das Drama« und im Vorwort zu »Maria Magdalena«.

1845–63 Die Heirat mit der Wiener Schauspielerin Christine Enghaus gibt seinem Leben eine Wende. Die Revolution von 1848 begünstigt seine Werke: Das von ihm als Meisterwerk empfundene Drama »Herodes und Mariamne« wird in Wien uraufgeführt, »Agnes Bernauer« 1852 mit großem Erfolg in München gezeigt. 1857 erhält er den Tiedge-Preis für das Versepos »Mutter und Kind«. Die Trilogie »Die Nibelungen« (1860), sein größter Bühnenerfolg, führte zum Verleih des hoch bewerteten Schillerpreises (1860). Trotz schwerer Krankheit schreibt Hebbel bis zu seinem Tod an der Tragödie »Demetrius«, die Fragment bleibt.

1 Brief vom 23.2.1863 an Engländer, in: Briefe (s. S. 64), Bd. VII, S. 302 f.

Hebbel ist vor allem als **Dramatiker** bekannt, sein Werk umfasst jedoch auch lyrische und epische Texte sowie philosophische und ästhetische (= dichtungstheoretische) Schriften und die Tagebücher.

Sein Werk wird allgemein dem **bürgerlichen Realismus** zugeordnet. Einer eindeutigen Zuordnung zu irgendeiner Richtung entzieht sich Hebbels Werk allerdings (vgl. S. 28–33).

Die Werke Hebbels können in **zwei Schaffensperioden** eingeteilt werden.

Die **erste Periode** (bis 1848) zeigt die **Unversöhnlichkeit** seines pantragischen Weltbilds: Das Individuum und das Weltganze sind in eine **unlösbare** Spannung gestellt, in der das Individuum im Konflikt zwischen dem Ich und der Welt unweigerlich **zerbrechen muss.**

1840 Sein erstes Trauerspiel »Judith« erscheint, das das Scheitern eines einzelnen Menschen an der Weltordnung thematisiert. Wie später Klara in »Maria Magdalena« wird hier Judith als Frau unentrinnbar zum **Opfer der männlichen Ordnung.**

1842 Hebbel veröffentlicht seine erste Lyriksammlung, die sein Welt- und Menschenbild entfaltet. Die Gedichte folgen – wie auch die Dramen – meist der strengen traditionellen Formgebung.

1843 »Maria Magdalena« wird abgeschlossen, das bis heute sein bekanntestes und theatergeschichtlich meistgespieltes Drama ist.

1847 Es folgen zwei Dramen mit sozialkritischem Thema: »Ein Trauerspiel in Sicilien« und »Julia«. Hebbel selbst bezeichnet »Julia« als zweiten Teil von »Maria Magdalena«. Auch hier verstößt ein emotional ungerührter Vater seine Tochter, auch Julia ist unverheiratet schwanger und denkt zuerst an ihren Vater, den sie durch Flucht aus dem Vaterhaus vor Schande bewahren will. Der Vater denkt nur daran, wie er Julias Schicksal vor der Öffentlichkeit vertuschen kann. Julia wird – anders als Klara – gerettet: Ein Fremder heiratet sie aus Mitleid.

Die **zweite Periode** (ab 1848) lässt häufiger die Möglichkeit erahnen, der pantragische Dualismus zwischen Individuum und Weltganzem sei auflösbar. Die Versöhnung zwischen Ich und Welt wird angedeutet.

1848 Das im Aufbau klassische Trauerspiel »Herodes und Mariamne« thematisiert die **Erniedrigung der Frau** Mariamne, die Herodes wie ein Ding mit in sein Grab nehmen will. Sie nimmt sich das Verfügungsrecht über ihr Leben zurück, indem sie sich selbst tötet.

1851 Der Stoff des Trauerspiels »Agnes Bernauer« geht auf das Schicksal der bürgerlichen Agnes Bernauer zurück, die 1425 wegen der Liebe Herzog Albrechts zu ihr als Zauberin ertränkt wurde. Hebbel gestaltet den **Konflikt zwischen individuellem Liebesglück und dem Staatsinteresse,** das einer Heirat der beiden Liebenden entgegensteht. Agnes wird – ähnlich wie andere Frauengestalten Hebbels – der Männerwelt und ihrer politischen Ordnung geopfert: Sie muss sterben, damit das Staatswohl erhalten bleibt.

1857 Hebbel gestaltet in seinem Versepos »Mutter und Kind« eine humanitäre Lösung des sozialen Themas „uneheliches Kind“. Die ledige Mutter findet einen liebevollen Mann, der auch dem Kind ein gütiger Vater sein will.

Vorgeschichte	I. Akt: Exposition	
Vorbereitung und Verknüpfung der **beiden** Handlungsstränge		
Beleidigung des Gerichtsdieners Adam durch Meister Anton ↓	**Alle** Familienmitglieder werden vorgestellt, **Meister Anton** als uneingeschränktes Oberhaupt ➜ mit großem Abstand hat e den höchsten Redeanteil (I/5)	
Juwelendiebstahl ↓		Tod der Mutter
Karl-Handlung	Nachrichten vom Juwelendiebstahl und von **Karls** Verhaftung, Hausdurchsuchung durch Adam	**Erregendes Moment (I/7)**
Verführung Klaras ↓		
Klara-Handlung	Verlobung von **Klara** und Leonhard (I/4, I/5)	Leonhard löst die Verlobun

I. Akt: Höhepunkt	III. Akt: Katastrophe
onzentration auf die **lara-Handlung**	Abschluss **beider** Handlungsstränge
leister Anton droht mit elbstmord (II/1) → sein Redeanteil ist so hoch wie der Klaras und auch der des Sekretärs	Nur **Meister Anton** bleibt zurück (III/11) → sein **Redeanteil** ist mit großem Abstand (verglichen mit Klaras, Karls und Leonhards) **der niedrigste**
er Diebstahl ird aufgeklärt: **arl** ist ohne chuld (II/3) Ende der Diebstahlhandlung (II/3)	**Karl** will den Vater verlassen (III/10), **2 Monologe Karls** (III/7, III/9)
cheinbare **Peripetie** die möglich erscheinende Vende zum Guten tritt icht ein)	
lara schöpft neue Hoffnung, er Sekretär weist **Klara** ab, II/5), **Monologe Klaras** II/2, II/4, II/6)	Leonhard weist **Klara** ab (III/4), Duell, **Klaras** Selbstmord Ende der Verführungshandlung (III/11)

Merkmale

••• **Verschachtelte Syntax (= Satzbau)** ••

Besonders häufig in der Rede Meister Antons, weist darauf hin, dass die Person stark auf sich selbst bezogen ist, ohne auf ein Gegenüber einzugehen; das „Eingeigeltsein“ wird sichtbar.

••• **Gehäufte Ausrufesätze** ••

Oft auch in gesteigerter Reihung.

••• **Sentenzhafte, anspielungsreiche Sprache** ••

(über die gemeinte Situation hinaus gültige Aussagen)
Die redende Person wirkt klug und scheint „den Überblick“ zu haben.

••• **Eigenwillige Bildlichkeit** ••

Vergleiche, Metaphern (= bildlicher Ausdruck für einen Gegenstand, eine Eigenschaft oder ein Ereignis), Metonymien (= ein Teil steht fürs Ganze oder umgekehrt) betonen das Gesagte, werfen ein Licht auf die Empfindungswelt der Sprechenden.

••• **Zerstückelte Rede mit abrupten Übergängen** ••

Zeugt von Verwirrtheit und ausschließlicher Bezogenheit auf das eigene Innere.

••• **Aposiopese** ••

(Sprachfigur des Verschweigens, Verstummens plötzlich mitten im Satz, ohne das Entscheidende zu sagen)
Drückt die Isoliertheit der Sprechenden aus.

••• **Beiseitesprechen (= À part)** ••

Zeigt ein absichtliches Verschweigen, Misstrauen.

Textbeispiele

- *Meine größte Pein war, daß ich so ungeschickt blieb, ich konnte darüber mit mir selbst hadern, als ob's meine eigene Schuld wäre, als ob ich mich im Mutterleibe nur mit Freßzähnen versehen und alle nützlichen Eigenschaften und Fertigkeiten, wie absichtlich, darin zurückgelassen hätte, ich konnte rot werden, wenn mich die Sonne beschien.* (Meister Anton, I/5, S. 53)

- *Mach mich nicht rasend! Nenne das Wort nicht mehr! Dich! Dich lieb ich! Da! Da!* (Klara, II/5, S. 74)

- *Ja, ja, das ist ein kluger Kopf, der sich selbst köpft, wenn's Zeit ist.* (Meister Anton, II/1, S. 62)
  Gott und Teufel scheinen sich ja beständig um die Welt zu schlagen, wer weiß denn, wer gerade Herr ist! (Sekretär, III/6, S. 86)

- *Die alte Jugendliebe tat die Augen wieder auf, ich konnte sie nicht schnell genug zudrücken.* (Leonhard, I/4, S. 44)
  O, dieser festgenagelte Sonnenschein! (Klara, II/5, S. 73)
  Ich könnte mich zuweilen nach meinem Schatten umsehen, ob er nicht schwärzer geworden ist! (Meister Anton, II/1, S. 65 f.)

- *Bist du zu schwach dazu? So frag dich, ob du stark genug bist, deinen Vater mit abgeschnittener Kehle –* (Sie steht auf.) *Nein! Nein! – Vater unser, der du bist im Himmel – Geheiliget werde dein Reich – Gott, Gott, mein armer Kopf – ich kann nicht einmal beten – Bruder! Bruder! – Hilf mir –* (Klara, III/8, S. 90)

- *Ich hab nur keine Zeit, sonst –* (Karl, I/2, S. 39)
  Er hat ihr – Unglückliche, jetzt erst versteh ich dich ganz! (Sekretär, III/11, S. 93)
  Wer weiß, ob die Tochter nicht – (Meister Anton, I/7, S. 59)

- Leonhard (beiseite). *Also doch weg! […]*
  (für sich). *Vor dem Teufel selbst, glaub ich!* (I/5, S. 53)

Die Veröffentlichung des Dramas »Maria Magdalena« fällt in ein Jahr, dessen Zugehörigkeit zu einer literarischen Epoche nicht eindeutig ist. Das Jahr 1844 liegt zwischen dem Tod Goethes 1832 und der bürgerlichen Revolution von 1848, Daten also, die im Allgemeinen als entscheidende Einschnitte für die deutsche Literatur gewertet und als Epochengrenzen angesehen werden.

Geläufig sind für diese Zeitspanne die Bezeichnungen **Biedermeier, Restauration, Junges Deutschland, Vormärz.** Jede dieser Epochenbezeichnungen spiegelt eine jeweils besondere Sichtweise der Literatur jener Zeit wider. Die in diesem Zeitraum entstandenen literarischen Texte sind je nach formaler und inhaltlicher Ausrichtung der einen oder anderen Literaturrichtung zuzuordnen, wobei **Hebbels Texte,** wie schon erwähnt, **sich einer eindeutigen Zuordnung entziehen.**

Das Wort **Biedermeier** weist u.a. auf die Abneigung gegen alles Rebellische hin, etwas, was auch Hebbel nachgesagt wird, der sich sehr selten direkt zur Politik geäußert hat. **Restauration** bezieht sich auf die Phase bürgerlicher Beschaulichkeit und die Wiederherstellung herkömmlicher Herrschaftsverhältnisse seit dem Wiener Kongress (1814/15). Die Begriffe **Junges Deutschland** und **Vormärz** bezeichnen dagegen Strömungen, die sich gegen Restauration und Biedermeier richteten: Die darunter gefassten Autoren verstanden ihre Dichtung als politisch, in dem Sinn, dass aktuelle Ereignisse und Zustände angesprochen und kritisiert werden sollten.

Hebbel lehnte **die politische Tendenzdichtung** (auf den historischen Augenblick bezogen) ab. Auch **restaurative Absichten** kann man ihm nicht unterstellen, denn er fühlte das Unrecht, das dem Bürgertum durch die restaurative Politik zugefügt wurde.

Die Zeit von **1832 bis 1848** war insgesamt voll starker Spannungen. Der traditionellen autoritären Staats- und Gesellschaftsordnung standen neue politische und philosophische

Ideen gegenüber, die den Wert der Tradition infrage stellten. **Atheistische und sozialistische Gedanken** wurden entwickelt, mit denen sich die Namen **Feuerbach, Marx** und **Engels** untrennbar verknüpfen.

Hebbel, der sich seine Bildung selbst erarbeitet hatte, setzte sich mit den Ideen seiner Zeit auseinander und entwickelte eine eigene Philosophie, die später als **Pantragismus** bezeichnet wurde und u.a. eine Auseinandersetzung mit den atheistischen Gedanken **Feuerbachs** beinhaltet.

Hebbel, der in seinem künstlerischen Schaffen gewissermaßen **eigenständig** war, wird gemeinhin als **Autor des Realismus** verstanden, einer Epoche, deren Beginn meist mit den bürgerlichen Revolutionen von 1848 gleichgesetzt wird, obwohl sich schon **seit 1830** z.B. bei Büchner, Grabbe und Hebbel **realistische Tendenzen** zeigen.

Der deutsche bürgerliche Realismus des 19. Jahrhunderts

Außer der Kennzeichnung **bürgerlich** findet man noch die Beifügungen **poetisch, literarisch, psychologisch** und **ideell** für diese Epoche. Die Vielfalt der Begriffe zeigt die Schwierigkeit, diesen Realismus genau zu beschreiben. Hinzu kommt, dass das Erscheinungsbild des Realismus in Deutschland widerspruchsvoll ist.

Dabei spielt das Scheitern der Revolution von 1848 eine bedeutende Rolle. In weiten Teilen des Volkes verbreitete sich Niedergeschlagenheit, nachdem sich die Hoffnungen auf revolutionäre Veränderungen zerschlagen hatten. **Ein harmonisches Weltbild,** in dem ein Gott schon alles richtig lenkt, war für viele **nicht mehr denkbar.** Die Welt erschien zusammenhanglos, zeitbedingt, nicht mehr als geschaffenes Ganzes.

Gegen diese **Verunsicherung,** die bei Hebbel in einer ständigen Auseinandersetzung mit dem eigenen Ich und dessen Verhältnis zur Welt deutlich wird, entwarf die Kunst ein literarisches Modell, das die Autoren als **Realismus** bezeichneten, sie verstanden sich als **Realisten.** Kennzeichen dieses Selbstverständnisses ist neben dem Anspruch auf **genaue, unparteiische Beobachtung und Darstellung der Menschen in ihrer realen gesellschaftlichen Umwelt** das **Festhalten an einer Idealvorstellung** sowie eine abwartende Haltung den gesellschaftlichen Strömungen gegenüber.

> Der deutsche Realismus ist eine **bürgerliche** Denkrichtung. Er vertritt bürgerliche Ideale in der Nachfolge der deutschen Klassik. Zwar wird die Orientierung an der vorhandenen Realität verlangt, aber nicht deren unverfälschte Nachahmung, sondern der **Entwurf einer idealen Realität.** Das Ideal des sittlich unabhängigen Individuums, dessen Menschlichkeit als Gegenpol zu den herrschenden politischen und wirtschaftlichen Tendenzen verstanden wird, wird aufrechterhalten, so als könne das Weltganze aus einem konstruierten Ideal entwickelt werden. Widerspruchsvoll am bürgerlichen Realismus ist somit das **Festhalten an einer idealistischen Sichtweise der Welt.**

Hebbels Weltsicht ist **pessimistisch:** Der von vornherein zum Scheitern verurteilte Einzelne steht in einem Spannungsverhältnis zum Weltganzen, dem **unausweichlichen tragischen Konflikt zwischen Ich und Welt.**

Der bürgerliche Realismus zeigt seine bedeutendsten Leistungen in der **Epik.** Außer Hebbel sind alle großen Autoren der Epoche Erzähler: **Fontane, Keller, Meyer, Raabe, Storm.**

Die Novellen »Das Amulett« (Meyer), »Romeo und Julia auf dem Dorfe« (Keller), »Der Schimmelreiter« (Storm) sind bis heute bekannt und beliebte Schullektüren. Fontanes »Effi Briest« und Raabes »Stopfkuchen« zählen zu den am häufigsten in der Schule gelesenen großen Romanen dieser Zeit.

Viele **typische Merkmale der realistischen Epik** gelten auch für **Hebbels Dramen:**

- Das Ich steht einsam der Welt gegenüber.
- Zwischen Außen- und Innenwelt des Helden besteht eine ungelöste Spannung.
- Eine Versöhnung wird höchstens angedeutet (bekannt für Fontanes Werke, bei Hebbel im Spätwerk).
- Eine Abrechnung mit der Gesellschaft erfolgt nicht offen (wie später im Naturalismus), sondern zeigt sich in der Desillusionierung der Helden oder durch Entlarvung der Zustände.
- Die Hauptfiguren sind oft Sonderlinge (vgl. auch Meister Anton).
- Religiosität ist keine Lösung, sondern stets von Zweifeln behaftet (vgl. religiöse Gefühle Klaras) und richtet sich gegen die handelnden Personen selbst.
- Der Mensch wird in seiner psychologischen, soziologischen und zeitgeschichtlichen Ausprägung dargestellt.
- Der Stil meidet Pathos, zeigt sich sachgebunden, gedrängt und nüchtern (vgl. S. 26/27).

Das **Drama** geriet nach 1850 in eine **tiefe Krise.** Hebbel ist als Dramatiker in den Fünfziger- und Sechzigerjahren ein Außenseiter. Er gilt als **der einzige große bürgerlich-realistische Dramatiker** der zweiten Hälfte des 19. Jahrhunderts. Die Dramatiker **Grabbe** und **Büchner** starben schon 1836 bzw. 1837. Ihre Dramen zeigen **realistische Tendenzen,** die sich auch bei Hebbel finden:

- Im Handeln liegt unabwendbare Tragik.
- Der Held kann nicht mehr selbst entscheiden, er wird in sein Schicksal hineingetrieben.
- Der Begriff der Schuld wird fragwürdig.

Diese **Problematik des Handelns und des Scheiterns des Helden** ist in allen Dramen Büchners und Grabbes ausgeprägt. Die Titelhelden in Büchners »Woyzeck« und »Dantons Tod« zeigen diese Tendenzen der Passivität und Desillusionierung besonders deutlich. Nicht unähnlich verhalten sich die Helden in den Romanen des bürgerlichen Realismus.

Elemente des bürgerlichen Realismus

Formal

- Übernahme der Form des Dramas der klassisch-idealistischen Tradition
- Sprache statt in Versen in wirklichkeitsgetreuer Prosa
- Gegenwartsdrama

Inhaltlich

- Psychologische Ausgestaltung der Personen
- Ungelöste Spannung zwischen Innen- und Außenwelt der Personen
- Genaue Milieudarstellung zur Verdeutlichung von seelischen Vorgängen
- Das humane Individuum wird an den Rand der Gesellschaft gedrängt, hier bis in den Tod.

Elemente des Vormärz

- Obwohl Hebbel selbst sich von den Dichtern des Vormärz distanzierte, hat »Maria Magdalena« im Sinne des Vormärz revolutionär gewirkt:
- Sozialkritik
- Gesellschaftskritik
- Vorstellung von einem gleichgültigen oder gar bösartigen Gott, der das Weltgeschehen regiert
- Kritische Sichtweise des Elternkults der Romantik

- 3 Akte und weitgehende Einhaltung der 3 Einheiten (vgl. S. 34).
- Hebbel will die Alltagssprache der Bürger zeigen.
- Zeithintergrund ist Hebbels Gegenwart.

- z.B. spontane Ausdrücke oder Gebärden Klaras: *hält sich an einem Stuhl, als sollte sie umfallen* (II/5, S. 71).
- z.B. die Liebe Klaras zum Sekretär und die Konfrontation mit den Normen der Außenwelt (II/1, S. 65).
- Meister Antons Lebensgeschichte zur Erklärung seiner Gefühle Meister Gebhard gegenüber (vgl. I/5, S. 53–55).
- Hebbel an Elise Lensing: *Mich selbst erschüttert diese Klara gewaltig, wie sie aus der Welt herausgedrängt wird.*[1]

- Das Berliner und das Wiener Schauspielhaus lehnten eine Aufführung zunächst ab. Erst die Revolutionen von 1848 begünstigten die Aufführung des Dramas.
- Darstellung der Folgen der unehelichen Schwangerschaft Klaras, Verhalten Leonhards
- Die bürgerliche Welt bricht unter den von ihr selbst gesetzten Normen zusammen.
- *Gott! Gott! Was ist alles möglich auf der Welt! Das hat meine Mutter mit einem jähen Tode bezahlen müssen!*, ruft Klara angesichts der Nachricht, dass eine Geisteskranke die Juwelen gestohlen hat (II/3, S. 70).
- Karls völlige Ablehnung des Vaters (vgl. III/10, S. 92).

1 B vom 26.3.1843, in: Briefe (s. S. 64), Bd. II, S. 246

Zu Hebbels Zeit galten Dramen, besonders klassische Tragödien, als nicht zeitgemäß, die epische Form wurde bevorzugt. Hebbel dagegen zog die dramatische Form vor und hielt sich weitgehend an die strengen **Regeln des klassischen Dramas,** die im Anschluss an die Dramentheorie des griechischen Philosophen Aristoteles jahrhundertelang gegolten hatten:

✔ Die **drei Einheiten** legen **Ort, Zeit und Handlung** fest. Alles spielt an einem Ort (seit dem 17. Jh. mit kleinen Erweiterungen), innerhalb einer Zeitspanne von ca. einem Tag. Es wird eine Handlung, ohne ablenkende Nebenhandlungen und ohne Unterbrechungen, gezeigt.

✔ Die **fünf Akte** folgen einem genauen Ablauf:
1. Akt = **Exposition** (Einführung der Personen und des Konflikts)
2. Akt = steigende Handlung mit erregendem Moment
3. Akt = **Höhepunkt** und Peripetie (Handlungsumschwung ins Gegenteil)
4. Akt = fallende Handlung mit retardierendem Moment (Verzögerung der Entwicklung, eine Rettung des Helden erscheint doch noch möglich)
5. Akt = **Katastrophe,** Tod.
Auch das **Drama in drei Akten** richtet sich nach diesem klassischen Schema, das auf Exposition, Höhepunkt und Katastrophe verkürzt ist.

Eine weitere Regel dieser Dramenform war schon im 18. Jahrhundert heftiger Kritik ausgesetzt, nämlich die **Ständeklausel.**

Die **Ständeklausel** beschränkte den Kreis der in der Tragödie auftretenden Personen auf Könige, Fürsten und andere hohe Standespersonen. Lessing durchbricht diese Regel, indem er in seinen Trauerspielen »Miß Sara Sampson« (1755) und »Emilia Galotti« (1772) Bürgerliche zu zentralen Handlungsträgern macht und so **das bürgerliche Trauerspiel** als Gattung begründet.

Hebbel nimmt sich ausdrücklich vor, die **Gattung des bürgerlichen Trauerspiels** zu erneuern (vgl. sein Vorwort zu »Maria Magdalena«, S. 26 ff.), indem er noch radikaler als seine Vorgänger mit der Ständeklausel bricht.

In Lessings bürgerlichen Trauerspielen und auch noch in Schillers »Kabale und Liebe« (1784) entwickelt sich der tragische Konflikt aus der Polarisierung zwischen der Verworfenheit des Adels und der fortschrittlichen Moral des Bürgertums.

Dieses Muster **durchbricht** Hebbel: Die frühere Spannung zwischen Adel und Bürgertum besteht nun **innerhalb der bürgerlichen Gesellschaft,** deren ehemals fortschrittliche Moral sich in der Familie **gegen das Bürgertum selbst** richtet. Hebbel gleicht nicht mehr Vernunft und Leidenschaften aus, sondern lässt die Konflikte durch Gewalt enden. Deshalb gilt »Maria Magdalena« in der Geschichte des bürgerlichen Trauerspiels als **Wendepunkt** oder als **Ende.**

Innerhalb der Familie ist die absolute Machtstellung des Vaters der Ausgangspunkt der Gewalt. Typisch für das bürgerliche Trauerspiel sind dabei die zentrale Bedeutung der Vater-Tochter-Beziehung und die Nebenrolle der Mutter. Sowohl die Beziehung zwischen Vater und Tochter als auch die zwischen Mutter und Sohn lässt sich mithilfe des von Freud entwickelten ödipalen Konfliktmodells deuten, das beim Kind Liebe zum gegengeschlechtlichen Elternteil annimmt. Hier wäre dann der Vater als idealer und ideeller Liebhaber der Tochter zu sehen.

Für Hebbel sind jedoch nicht konkrete Verhältnisse in der bürgerlichen Familie oder Gesellschaft die Ursachen des Tragischen, sondern die Vorstellung, dass **allein der Wille,** sein Ich zu leben, **notwendig tragisch** sei: Der individuelle Wille des Einzelnen stört das Gleichgewicht des Weltganzen und **muss** deshalb vernichtet werden.

Das Motiv der ledigen Mutter vor Hebbel

Das **Motiv der ledigen Mutter** ist im deutschen Drama seit dem 18. Jahrhundert geläufig. Als die Schauspielerin Stich-Crelinger Anstoß an Klaras Schwangerschaft nimmt und die Rolle ablehnt, weist Hebbel auf die Schwangerschaft Gretchens in Goethes berühmtem »Faust« hin.[1]

Goethe schrieb die **Gretchentragödie** schon zwischen 1772 und 1775 in seinem »Urfaust« nieder. Mephistopheles, der Teufel, verhilft Faust zur Verführung Gretchens, wobei Gretchens Mutter an dem ihr gereichten Schlaftrunk stirbt. Gretchen setzt ihre Liebe zu Faust über die von ihr vorher fraglos anerkannten gesellschaftlichen Normen. Faust, der Gretchen begehrt, später auch liebt, verlässt sie, als er ihrer überdrüssig geworden ist. Sie bleibt schwanger zurück.

Ähnlich wie Klara findet Gretchen in der Religion keinen Trost mehr. Für ihren Bruder zählt – wie später in »Maria Magdalena« – nur die öffentliche Meinung. Aus Verzweiflung über die zu erwartende soziale Verachtung ertränkt Gretchen ihr Neugeborenes und wird in den Kerker geworfen. Faust versucht, sie zu befreien, aber Gretchen spürt, dass sie seine Liebe verloren hat, und bleibt in geistiger Umnachtung im Kerker zurück.

Fast gleichzeitig entsteht 1776 zu dieser Thematik Heinrich Leopold Wagners »Die Kindermörderin«.

Weiterentwicklung des Motivs in der späteren Literatur

Das berühmteste Drama in der Nachfolge von »Maria Magdalena« ist Gerhart Hauptmanns »Rose Bernd« von 1903. Der Magd Rose wird ihre Schönheit zum Verhängnis, deretwegen sich drei Männer für sie interessieren: der Gutsherr Flamm, ihr – vom Vater ausgesuchter – Bräutigam August Keil und der auf Flamm neidische Streckmann.

1 B vom 23.1.1844, in: Briefe (s. S. 64), Bd. III, S. 25

Rose und der verheiratete Flamm haben ein Liebesverhältnis, das Streckmann zufällig entdeckt und für sich ausnutzt: Er vergewaltigt die von Flamm schwangere Rose. Flamm erfährt schließlich von Roses Schwangerschaft, seine Frau entdeckt das Liebesverhältnis, Roses Beziehung zu Streckmann wird bekannt, allerdings nicht die Vergewaltigung. In totaler Verlassenheit von Gott und den Menschen tötet Rose ihr Neugeborenes.

Im Gegensatz zu »Maria Magdalena« sind die letzten Worte des Dramas Worte des Verständnisses: *Das Mädel … was muß die gelitten han!* Die Tragödie ergibt sich hier aus den gesellschaftlich bedingten Interaktionsstrukturen zwischen Mann und Frau; die Autorität der Vaterfigur und der Normenkonflikt sind abgeschwächt.

Franz Xaver Kroetz' »Maria Magdalena, Komödie in drei Akten frei nach Friedrich Hebbel« von 1973 macht sich letztlich vom Gegenwartsstandpunkt aus über die Konflikte in Hebbels »Maria Magdalena« lustig. Kroetz selbst beurteilt sein Stück später recht kritisch.

Das Frauendrama

Hebbel führt mit der Gestalt der Klara und deren Scheitern ein seit Lessing und Schiller in der Literatur häufig gestaltetes Thema weiter: das Thema der Frau als **Opfer der männlichen Moral,** die patriarchalisch-chauvinistisch (im Sinn eines übersteigerten männlichen Selbstwertgefühls und der gesellschaftlichen Bevorzugung von Männern) über die Frau verfügt, ohne sie als selbst verantwortliches menschliches Individuum zu sehen. Wie den weiblichen Hauptfiguren in Lessings »Emilia Galotti« und Schillers »Kabale und Liebe« gelingt es auch Klara lediglich **durch ihren Tod,** vor der für sie erniedrigenden Männermoral zu fliehen. Ibsen führt die Thematik in seinem Drama »Nora« (1879) weiter: Nora **verlässt Mann und Kinder,** um ein selbstständiger Mensch zu werden.

Scherben (I/1, S. 37)	ursprünglich: Tontopf, später: Blumentopf
Lohntag (I/1, S. 38)	hier: Jüngstes Gericht
Fahnenstück (I/2, S. 39)	Kleidungsstück, von: Fahne = Tuch
Docke (I/3, S. 41)	Puppe, von mhd. tocke = Bündel
Angezogen? (I/4, S. 42)	zum Ausgehen angezogen (statt mit der üblichen, legeren Hauskleidung bekleidet)
Zahnweh (I/4, S. 43)	Klaras Unwohlsein wegen ihrer Schwangerschaft
Soldatenzeichen (I/4, S. 43)	Bartmode, die durch das Militär begünstigt wurde
ohne Falsch … (I/4, S. 46)	s. Matthäus-Evangelium 10/16b: *Darum seid klug wie die Schlangen und ohne Falsch wie die Tauben!*
Dirne (I/5, S. 48)	Grundbedeutung = Jungfrau, daneben auch: Hure
schwarzer/blauer Rock (I/5, S. 50)	Kleidung des Geistlichen/des Wirtes
Daß das Holz nicht … (I/5, S. 52)	damit Leonhard sehen kann, ob sich die Mitgift in der Kommode befindet
Mahlschatz (I/5, S. 52)	hier: Mitgift
bosseln (I/6, S. 58)	kegeln, auch in III/7, S. 86: Bossel = Kegelkugel

Leute im roten Rock (I/7, S. 58)	Gerichtsdiener zählten noch bis ins 18. Jh. zu den „unehrlichen" Berufen. In der ständischen Gesellschaftsordnung hielten sich die Handwerksmeister für etwas „Besseres".
Gericht halten … (II/1, S. 64)	zuerst den Sohn, dann sich selbst töten und die Strafe Gottes erwarten
Fallmeister (II/3, S. 70)	veraltet für: Abdecker = derjenige, der Tierkadaver beseitigte
Justinian/Gajus (II/5, S. 70)	byzantinischer Kaiser, der das Corpus juris zusammenstellte/Autor eines Rechtsbuchs (2. Jh. n. Chr.)
roter Hahn (II/5, S. 71)	Lesebuch für Schüler mit einem Hahn auf dem Titelblatt
Lex Julia (II/5, S. 72)	ironischer Bezug auf ein Gesetz, das Verheirateten mit Kindern Vorteile sichert
Nickel (III/2, S. 81)	Scheltwort, auch mit der Bedeutung: Hure
das Recht dazu … (III/4, S. 82)	Klaras achttägiges Schweigen auf seinen Brief deutet Leonhard als rechtlich hinreichendes Einverständnis in die Entlobung
Wurm (III/4, S. 83)	hier wie ursprünglich: Schlange
Fische zu essen (III/8, S. 89)	aus Furcht, Karl könnte bei einem Sturm umgekommen und von diesen Fischen gefressen worden sein.

Ausführliche Wort- und Sacherläuterungen finden Sie im Anhang der Reclamausgabe der »Maria Magdalena« sowie in dem Reclamband von Karl Pörnbacher (s. S. 40).

Was kann ich noch lesen, um mehr über den Text und den Autor zu erfahren?

Pörnbacher, Karl (Hg.) Friedrich Hebbel. Maria Magdalena. Erläuterungen und Dokumente, Reclam UB Nr. 8105, 1980, 95 S. Viele Wort- und Sacherklärungen, ausführliche Informationen zur Entstehungs- und Wirkungsgeschichte des Dramas.

Matthiesen, Hayo Friedrich Hebbel mit Selbstzeugnissen und Bilddokumenten, rororo Bildmonographie 160, 1984, 154 S. Informationen zu Hebbels Leben und zu seinen wichtigsten Werken.

Lütkehaus, Ludger Friedrich Hebbel: Maria Magdalena. Text und Geschichte. Modellanalysen zur deutschen Literatur, UTB 1192, Fink-Verlag 1983, 167 S. Die anspruchsvolle neuere Interpretation mit sozial-historischem und sozial-psychologischem Ansatz enthält exemplarische Textanalysen der Szenen I/7 und III/11 sowie eine vielseitige Auswahl von Textauszügen im Materialienteil. Für Gründliche.

Auf welchen Medien ist der Text noch verfügbar?

Theater von heute Hebbel – Maria Magdalena. Videofilm 410070 des FWU (= Institut für Film und Bild in Wissenschaft und Unterricht). Ausschnitte und Besprechung der umstrittenen Heyme-Inszenierung in Köln. Ausleihbar.

Interpretation

In diesem Kapitel werden die Hauptfiguren in ihren Beziehungen zueinander und in ihrer Abhängigkeit von gesellschaftlich vorgegebenen Normen und Wertvorstellungen untersucht. Dabei zeigt sich das bürgerliche Gesellschaftssystem als Hauptursache für die Leiden Klaras.

Lange Zeit betrachtete die Literaturwissenschaft Hebbels Schriften zur Theorie des Dramas als Schlüssel zur Interpretation seiner Stücke. Folgt man diesem Ansatz, so müsste die Interpretation nachweisen, dass das Tragische in der »Maria Magdalena« erbarmungslos notwendig ist und Handeln **immer** Leiden bedeutet, unabhängig von der Geschichte und dem jeweiligen gesellschaftlichen Hintergrund.

> *[…] das Tragische muß als ein von vornherein mit Notwendigkeit bedingtes, als ein, wie der Tod, mit dem Leben selbst Gesetztes und gar nicht zu Umgehendes auftreten; […]* (Vorwort, S. 26),

schreibt Hebbel. Er stellt die Charaktere des Dramas in ihrer Beziehung zu den gesellschaftlichen Normen und deren Umsetzung in moralische Grundsätze innerhalb der Familie dar (vgl. Vorwort, S. 28 f.). Familie, Ehre und Moral sind jedoch immer schon abhängig vom Entwicklungsstand einer konkreten Gesellschaft, sie sind historisch entstanden und nicht vom Himmel gefallen. Insofern deckt Hebbel mit »Maria Magdalena« **konkrete Gewaltverhältnisse in der bürgerlichen Gesellschaft und Familie** seiner Zeit auf und nicht etwa ein nicht benennbares abstraktes Weltverhängnis, wie sein **Pantragismus** es sieht.

Die folgende Interpretation betrachtet zunächst die einzelnen dramatischen Figuren und anschließend die innerhalb und außerhalb der dargestellten Familie Anton herrschenden Wertesysteme in ihrem gesellschaftlichen Zusammenspiel. Dabei wird deutlich, dass es sich um zwei **verschiedene Wertesysteme** handelt, die einander gegenüberstehen und sich dennoch verblüffend gleichen. Wer darüber schnell einen Überblick bekommen will, kann mit den Ausführungen zu „Das alte und das neue Wertesystem“ beginnen (vgl. S. 54 ff.).

Vereinzelung der Individuen

Der Grundbegriff, mit dem Hebbel die alles umfassende Tragik des Lebens erklärt, lautet **Vereinzelung.** In seiner Philosophie ist diese Vereinzelung des Individuums im Leben selbst von vornherein verankert, sodass alles menschliche Leben dazu bestimmt ist, **Opfer** zu sein.

> In »Maria Magdalena« wird sichtbar, wie die Vereinzelung – ganz besonders die Klaras – durch konkrete gesellschaftlich geprägte Wertvorstellungen bedingt ist.

Klara

Mit dieser Figur wird meist der biblische Titel des Dramas verbunden, dessen genaue Bedeutung in der Forschung nicht eindeutig geklärt ist. In der Bibel ist Maria Magdalena eine Frau, die Jesus bis unters Kreuz folgt und der der Auferstandene als Erster erscheint (vgl. Matthäus 27/55 f. und Johannes 20). Oft wird auch in der Sünderin, die Jesus salbte und der ihre Sünden vergeben werden, weil sie *viel geliebt* hat (Lukas 7/36–50), Maria Magdalena gesehen. Hier lässt sich eine Parallele zur Figur Klaras ziehen.

Klara zeigt als einziges Mitglied der Familie Anton **wahre Gefühle** und die **Fähigkeit, aufrichtig zu lieben.** Schon Klaras erste Auftritte, ihre Dialoge mit der Mutter, sind von Klaras **Besorgnis** und **Mitgefühl** geprägt.

- ✔ Als die Mutter von ihrer Krankheit und dem schon nahe scheinenden Tod spricht, mahnt sie: *Hör davon auf, liebe Mutter, dich greift's an!* (I/1, S. 38).

- ✔ Sie bietet Trost angesichts der Lieblosigkeit des Sohnes Karl, die sie nicht ertragen kann, und beschönigt die Tatsache, dass Karl während der Krankheit seiner Mutter nie weinte: *Und wie die Männer sind! Die schämen sich ihrer Tränen mehr als ihrer Sünden!* (I/3, S. 40).

Auch ihrem Vater gegenüber reagiert Klara **mitfühlend.** Als dieser seiner Erbitterung über Karl freien Lauf lässt, nimmt sie ihn bei der Hand und mahnt ihn, er solle sich hinlegen, um auszuruhen (vgl. II/1, S. 63).

Auch für ihren Bruder setzt sich Klara **liebevoll** ein und verteidigt ihn dem Vater gegenüber. Sie allein hält zu ihm, als der Verdacht des Diebstahls ausgesprochen ist. *Er muß unschuldig sein! Er ist ja dein Sohn, er ist ja mein Bruder!,* ruft sie aus (I/7, S. 60).

Die Begegnung mit dem Sekretär (II/5) lässt ihre Liebesfähigkeit und ihre Offenheit erkennen:

> *Dich! Dich lieb ich! Da! Da! Ich ruf's dir zu, als ob ich schon jenseits des Grabes wandelte, wo niemand mehr rot wird, wo sie alle nackt und frierend aneinander vorbeischleichen, weil Gottes furchtbar heilige Nähe in jedem den Gedanken an die anderen bis auf die Wurzel weggezehrt hat!* (S. 74)

Hier ist Klara ganz sie selbst, ohne Rücksicht auf das, was die Leute denken, ohne Angst, der Sekretär könne sie zurückstoßen. Als der Sekretär ihr daraufhin seine Liebe bekennt und ihr schließlich die Ehe anbietet, wird deutlich, dass Liebe ohne Wahrhaftigkeit für sie nicht denkbar ist. Sie sagt, dass sie von Leonhard schwanger ist, und Friedrich wendet sich von ihr ab.

Selbst in den Begegnungen mit ihrem Verführer Leonhard stellt sie die **Wahrhaftigkeit** über alles.

- ✔ Als sie erfährt, wie skrupellos Leonhard sich dem jungen Herrmann gegenüber verhalten hat, ruft sie: *Unwürdiger! Mir aus den Augen!* (I/5, S. 47).

✔ Als Leonhard eine Heirat mit ihr von ihrem Liebesschwur abhängig macht, schwört sie nicht falsch, sondern wählt letztlich lieber ihren Tod (III/2, S. 80).

Wie kommt es, dass Klara psychisch und physisch zugrunde geht? Weder Liebe noch Rücksichtnahme, Verständnis für andere oder Mitgefühl bewahren sie vor ihrem Schicksal, ebenso wenig retten sie ihre Offenheit und Wahrhaftigkeit.

Sicher spielt Hebbels Vorstellung *Durch Dulden Tun: Idee des Weibes*[1] bei der Gestaltung der Klara eine wichtige Rolle. Klara duldet, dass ihre Menschlichkeit, ihr eigenes Selbst mit seinen humanen Werten, an eine bürgerliche Ordnung ausgeliefert wird, deren unerbittlichster Vertreter ihr Vater ist.

Klara stellt ihre ureigenen Gefühle hinter das Wohl ihres Vaters zurück. **Er** ist es, dem sie Schande ersparen will, sie selbst kann sie ertragen:

> *Wär's um mich allein – ich wollt's ja tragen, […] wenn die Welt mich in meinem Elend mit Füßen träte, statt mir beizustehen, ich wollte mein Kind […] lieben, […].* (III/3, S. 80)

Ihr entscheidender Orientierungspunkt ist nichts anderes als der **moralische Anspruch ihres Vaters,** dem sie bedingungslos gehorsam ist. *O Gott, ich komme nur, weil sonst mein Vater käme!* (III/8, S. 91). Mit diesem Satz ist ihr Kampf um Menschlichkeit und Menschenwürde, den sie trotz ihrer Duldsamkeit geführt hat, gescheitert.

Warum kann Klara **innerhalb ihrer Familie** nicht mit Offenheit und ohne Angst auftreten? Warum ist **das Wohl das Vaters** die oberste Instanz, wichtiger noch als Gott, den sie anklagt: *Gott im Himmel, ich würde mich erbarmen, wenn ich du wäre und du ich!* (II/3, S. 74). Doch für ihren Vater tötet sie sich und ihr ungeborenes Kind! Was macht Meister Anton so mächtig?

---

1 T 1516 vom Febr. 1839, in: Tagebücher (s. S. 64), Bd. 1, S. 286. Die folgende Tagebuchnotiz (= T 1517) lautet: *„Klara" dramatisch.*

Meister Anton

Sein grundlegendes Lebensgefühl äußert Meister Anton in seinem ersten Auftritt (I/5) sehr präzise:

> *[…] wenn ich mein Herz erhoben fühlen soll, so muß ich erst die schweren eisernen Kirchtüren hinter mir zuschlagen hören und mir einbilden, es seien die Tore der Welt gewesen, die düstern hohen Mauern mit den schmalen Fenstern, die das helle freche Weltlicht nur verdunkelt zulassen, als ob sie es sichteten, müßten sich um mich zusammendrängen, und in der Ferne muß ich das Beinhaus mit dem eingemauerten Totenkopf sehen können.* (S. 50)

Warum ist eine solche Situation, deren Bildlichkeit an einen Kerker erinnert, für Meister Anton nicht furchteinflößend oder abschreckend, sondern erhebend? Er hat offensichtlich Angst oder zumindest starke Abscheu allem gegenüber, was unübersichtlich ist. Sein Inneres hat er sich parallel zu der äußeren fest gefügten Ordnung, innerhalb derer er lebt, geschaffen: **Er liebt die Enge.** So hat er nach Karls Verhaftung, die sein äußeres Lebensgefüge ins Wanken gebracht hat, die Empfindung, nun könnte **alles** durcheinander geraten: Ihn *schaudert's vor der Zukunft* (vgl. II/1, S. 64). Er hat **Angst.** Diese Angst vor dem Zusammenbruch der von ihm als lebensnotwendig empfundenen äußeren Ordnung zeigt sich in aller Schärfe im Gespräch mit Klara, als er ruft:

> *In dem Augenblick, wo ich bemerke, daß man auch auf dich mit Fingern zeigt, werd ich –* (mit einer Bewegung an den Hals) *mich rasieren, und dann,* ***das schwör ich dir zu,*** *rasier ich den ganzen Kerl weg.* (II/1, S. 65)

Für ihn ist **nicht das Leben** der oberste Wert, **sondern seine Ehre,** der alles andere untergeordnet wird. Folgerichtig kann er alles ertragen, nur *Schande* nicht (vgl. II/1, S. 66).

Um seine Ehre zu erhalten und damit die äußere und innere Ordnung, die er seinem Leben gegeben hat, **benutzt er Klara** als Bürgen und **macht sie sich** mit dem Mittel der Drohung **gefügig.** (Hebbel selbst urteilt darüber: *Einen Menschen zum bloßen Mittel herabzuwürdigen: ärgste Sünde.*[1])

Wer bestimmt, was diese über allem stehende Ehre inhaltlich bedeutet?

> Es sind die traditionellen **Regeln eines anständigen Handwerkerdaseins,** gekoppelt mit kirchlich vorgegebenen christlichen **Lebensregeln des Protestantismus,** denen sich Meister Anton blind unterwirft, ohne nach den Folgen einer solchen Unterwerfung für sich und andere zu fragen.

Entscheidend für sein Leben ist die **Arbeitshaltung,** die von Fleiß, Disziplin, Ehrlichkeit, Pünktlichkeit, Ordnung und Pflichtbewusstsein getragen wird. Der Lohn, der aus der mühsamen Arbeit „im Schweiße des Angesichts" erwächst, ist – wie die Arbeit selbst – ein Wert in sich und kein Mittel zur persönlichen Lebensgestaltung.

Der Mensch muss sich in **das bestehende Ordnungsgefüge** da einordnen, wo er von Geburt an hingestellt wurde. Innerhalb der Familie bedeutet diese bürgerliche Ordnung, wie Meister Anton sie versteht, die unumstößliche **Herrschaft des Familienoberhauptes.** Dabei gibt es keinerlei Zweifel an der Richtigkeit und Gültigkeit dieser Ordnung, denn alles ist **von Gott** so **gewollt.**

> Die **Kontrollinstanz** für die „ordnungsgemäße Durchführung des Lebens" ist **die öffentliche Meinung,** das, was „die Leute" sagen. So ist der wichtigste Wertmaßstab Meister Antons **sein gesellschaftliches Ansehen.**

1 T 1611 vom Mai 1839, in: Tagebücher (s. S. 64), Bd. 1, S. 304

Das Leben seiner Kinder bekommt dadurch einen Sinn, dass sie für die Eltern leben und wie diese ihr Leben lang mühsam ihre Arbeit verrichten.

- ✔ Seinen Sohn Karl sähe Meister Anton lieber mit *zerschmettertem Schädel* als reich und zufrieden und damit den väterlichen Ansprüchen nicht genügend (vgl. den Alptraum Meister Antons in II/1, S. 64).
- ✔ Klaras Leben hat nur Wert, solange sie nicht vergisst, was sie dem Vater schuldig ist, also im Ernstfall ihren Tod. *Wenn ich Ihn* (zum Sekretär) *recht verstanden habe, so ist alles gut,* kann der Vater sagen, als er erfährt, dass Klara schwanger war und sich getötet hat (III/1, S. 93).

Auch das Leben Thereses, der Ehefrau und Mutter, ist nur in Bezug auf Meister Anton sinnvoll:

> *Karl ist doch nur ein Stümper, er hat die Mutter umgebracht, was will's heißen? Der Vater blieb am Leben!* (I/7, S. 60)

Um dies menschenverachtende Familiensystem aufrechtzuerhalten, darf das Oberhaupt **keine Gefühle zeigen,** weder Scham noch Mitgefühl oder gar Liebe, auch keinen Schmerz: *nun geht's piff, paff, von allen Seiten, aber es schadet nicht, man hat zum Glück ein steinernes Herz!* (II/1, S. 63). Es schadet aber doch, und zwar **Klara,** der Meister Anton erst Schuldgefühle einflößt, um sie dann **an seiner Stelle leiden zu lassen.**

Sein *steinernes Herz* beweist Meister Anton noch einmal am Schluss des Dramas, als er Klara nach ihrem Tod den Vorwurf macht, ihm *nichts erspart* zu haben. Damit meint er nicht, dass ihr Tod in ihm Schmerz auslöst und ihm so dieses Gefühl nicht erspart bleibt, sondern dass seine öffentliche Ehre zerstört ist und die Meinung der Leute nicht mehr unzweifelbar lauten kann: *an den Eltern hat's nicht gelegen* (II/1, S. 64). Diese Zusammenhänge sieht Meister Anton selbst nicht. *Ich verstehe die Welt nicht mehr!,* sind die berühmten Schlussworte des Dramas.

Seine Lebensgeschichte gibt aus psychologischer Sicht eine Antwort auf seine Lebensverfehlung:

> *Mir ging's in jungen Jahren schlecht. Ich bin sowenig wie Er* [Leonhard] *als ein borstiger Igel zur Welt gekommen, aber ich bin nach und nach einer geworden. Erst waren all die Stacheln bei mir nach innen gerichtet, […]. Aber das Ding gefiel mir nicht, ich kehrte meine Haut um, nun fuhren ihnen* [den anderen Menschen] *die Borsten in die Finger, und ich hatte Frieden.*
> (I/5, S. 53)

Die *Stacheln,* von denen Meister Anton hier spricht, sind seine Kindheits- und Jugenderfahrungen, die von dem Gefühl geprägt waren, nur ein unnützer Esser und Vater und Mutter eine Last zu sein (vgl. I/5, S. 53 f.). So setzt er, der selbst keine Liebe erfahren hat, die Lieblosigkeit fort. Doch der Frieden, den er durch seine **Vereinzelung** erreicht zu haben glaubt, wird zerstört: Am Schluss des Dramas ist **seine Ordnung zusammengebrochen,** der Lebenshalt verloren gegangen.

Die Mutter

Sie sieht ihren Lebensinhalt in den drei Bereichen, die im Bürgertum lange Zeit als einzig passend für eine Frau galten, ja, für einige zum Teil bis heute gelten: **Kirche, Küche** und **Kinderzimmer:**

> *Ich bin mir eben nichts Böses bewußt, ich bin auf Gottes Wegen gegangen, ich habe im Hause geschafft, was ich konnte, ich habe dich und deinen Bruder in der Furcht des Herrn aufgezogen […].* (I/1, S. 38)

So kennzeichnet sie selbst ihr Leben. Auch ihr Mann erkennt sie als *gute Hausmutter* (I/6, S. 56) an, deren einzige Aufgabe in der **Sorge für die Familie** besteht. Als Individuum mit eigenem Namen sieht er sie erst nach ihrem Tod, als das einzige Mal ihr Name Therese fällt.

Innerhalb der Familie spielt sie die Rolle einer Vermittlerin zwischen Vater und Kindern (hier auf den Sohn Karl beschränkt), was typisch ist für streng patriarchalisch aufgebaute Familien, in denen der Vater das absolute Verfügungsrecht über alle hat.

Karl ist ihr Liebling, den sie trotz ihres Kummers über sein oft liebloses Verhalten ihr gegenüber stets sofort entschuldigt (vgl. I/3) und Meister Anton gegenüber verteidigt: *Er ist anders als du, muß er darum gleich schlecht sein?*, wendet sie ein, als Meister Anton bei der Erwähnung des Juwelendiebstahls gleich an Karl denkt (I/6, S. 57).

Offenbar glaubt sie selbst jedoch im tiefsten Innern mehr an Meister Antons vernichtendes Urteil über Karl als an ihr eigenes: *Oh, er* [Karl] *ist gut und hat mich lieb!* (I/3, S. 41). Wäre sie sonst sofort tot umgefallen, als man Karl des Diebstahls bezichtigte? So traut sie eher dem (falschen) Urteil ihres Mannes als dem eigenen. Sie macht sich also **von der Meinung ihres Mannes abhängig,** unterwirft sich ihm auch innerlich.

Klara erzieht sie so, wie sie selbst von ihrer Mutter auch erzogen worden ist, nämlich in den traditionellen Grenzen einer streng geschlechtsbezogenen **Erziehung zur Sittsamkeit** (vgl. I/3, S. 40 f.). Sie nimmt dabei Klaras Gefühle nicht wahr und bringt ihr **kein Verständnis** entgegen.

- ✔ Sie fordert Klara auf, sich an Leonhard zu halten, ohne auf deren Unmut ihm gegenüber einzugehen (I/3, S. 40).
- ✔ *Nun, Kind, ich will für dich beten!*, ist ihr einziger persönlicher Einsatz für Klara (I/3, S. 41).
- ✔ Als Klara nach dem erzwungenen Beischlaf am Krankenbett der Mutter, völlig aufgelöst, unter Tränen und Schluchzen, vom Geschehenen sprechen will, da sie in der plötzlichen Erkrankung der Mutter eine göttliche Strafe für ihren eigenen Fehltritt sieht, hält die Mutter Klaras Seelennot für Mitleid ihr gegenüber (vgl. I/4, S. 45).

Karl

Karl spielt in der Familie **die Rolle des schwarzen Schafs** und steht in bewusster **Konfrontation zum Vater.** Er lehnt die Lebenshaltung des Vaters in ihren äußeren Orientierungspunkten ab.

- ✔ Er geht nicht in die Kirche, sondern zum Kegelspiel ins Wirtshaus (vgl. I/5, S. 50 f.).
- ✔ Er verachtet die starre Regelhaftigkeit der häuslichen Ordnung (vgl. III/7, S. 86 f.).
- ✔ Er sehnt sich nach dem Abenteuer der Seefahrt (vgl. III/8, S. 88 f.), sein Vater liebt die Enge des ewig Gleichen.

Zwar rebelliert Karl gegen Vater und Kirche, doch führt das nicht zu einer Erweiterung seines Menschseins, sondern zu einer **Verengung in den Egoismus.** Er nimmt auf niemanden Rücksicht und orientiert sich ausschließlich an seinem **persönlichen Glück.**

- ✔ Von der Mutter, deren Liebling er ist, verlangt er auf unverschämte Weise Geld für seine Vergnügungen (vgl. I/2, S. 39).
- ✔ Klaras Verwirrtheit und Seelennot kurz vor ihrem Selbstmord veranlassen ihn lediglich zu der Bemerkung: *Die kommt mir ganz sonderbar vor!* (vgl. III/8, S. 89).

Seine Entschuldigung für dieses lieblose Verhalten lautet: *Hier im Hause glauben sie von mir ja doch immer das Schlimmste* (I/2, S. 39). Damit bestärkt er im Grunde die negative Haltung des Vaters ihm gegenüber.

Andererseits hat Karl **die bürgerlichen Gewaltstrukturen verinnerlicht** und übernimmt Klara gegenüber die Vaterrolle: *Wenn der Vater nicht da ist, so ist der Bruder Vormund!* (III/8, S. 87), und wie der Vater lässt auch er sich gern von Klara bedienen (vgl. III/8). Insgeheim hofft er sogar auf die **Anerkennung seiner Leistungen** durch den Vater. Bevor er zur Seefahrt aufbricht, von der er sich neben dem Abenteuer auch finanziellen Gewinn verspricht, lässt er den Vater wissen:

> *Nur eins. Er sieht mich entweder nie wieder, oder Er wird mich auf die Schulter klopfen und sagen: Du hast recht getan!* (III/10, S. 92)

Karl orientiert sich letztlich – trotz seines Ausbruchs aus dem geordneten bürgerlichen Leben – an der **traditionellen patriarchalischen Ordnung des Bürgertums** und deren Gewaltstrukturen und setzt sein Lebensprinzip auf Kosten anderer durch.

Leonhard

Leonhard ist ein Lump, aber eben deswegen – ein Lump kann nichts Böses tun!, urteilt Hebbel selbst.[1] Tatsächlich ist Leonhard nicht mehr der klassische Bösewicht der bürgerlichen Literatur, er repräsentiert einen **neuen Sozialcharakter** im deutschen Drama.[2]

Das Trachten eines Bösewichts geht dahin, andere Menschen bewusst zu Schaden kommen zu lassen und alle dazu nötigen Schritte fein säuberlich zu planen. Leonhard aber hat **nicht primär** die Absicht, Klara zu schaden, sondern er schadet ihr, indem er seine Lebensziele konsequent verfolgt.

Leonhard geht es um **persönlichen Erfolg, Aufstieg** und **Karriere. Religion, Ehre** oder gar **Liebe** bedeuten ihm nichts, sie sind ohne Eigenwert, lediglich beliebig nutzbare **Mittel zum Zweck des gesellschaftlichen Vorwärtskommens.** Alle Möglichkeiten, die sich ihm bieten, um vorwärts zu kommen, schlachtet er **gewissenlos** aus.

- ✔ Religion benutzt er im Gespräch mit Meister Anton als Mäntelchen für Geldgier (vgl. I/5, S. 52).
- ✔ Er verführt Klara aus Berechnung, nicht aus Liebe oder Leidenschaft: *Ich weiß, daß ich dich mir nur so erhalten konnte* (I/4, S. 44).

---
1 T 2926 vom 8.12.1843, in: Tagebücher (s. S. 64), Bd. 2, S. 55
2 vgl. Matt (s. S. 64), S. 353 ff.

✔ Die Ehre ist ein passendes Argument, um Klara, die ohne Mitgift unattraktiv für ihn ist, loszuwerden, nachdem sie anscheinend Schwester eines Diebes geworden ist: *Schrecklich! Aber gut für mich!* (I/7, S. 59). Nun ist er frei für ein finanziell lohnenderes Projekt: die Nichte des Bürgermeisters!

Geschäftsmäßig ist das Eigenschaftswort, das am besten sein Denken und Handeln kennzeichnet. Ihm gelingt es, allen Gemeinheiten zum Trotz, im Sinne der anerkannten Verhaltensnormen unangreifbar zu sein. Selbst als er körperliche Liebe will, kommt er Klara vor *wie einer, der eine Schuld einfordert* (I/4, S. 44). Die Kälte und Starrheit ausstrahlende Atmosphäre der Verführungsszene (vgl. Klara in I/4, S. 44 und Leonhard in III/1, S. 78), die oft als unrealistisch bewertet wird, entspricht offenbar einer modern gewordenen sozialen Wirklichkeit, in der mit Menschen und der Welt **ohne Mitgefühl, lieblos** und **kalkulierend** umgegangen wird.

Menschen wie Leonhard, **egoistisch und erfolgsorientiert,** messen sich an der Position auf der Karriereleiter. Das ist bis heute ein modernes Lebensprinzip.

Zur Erfüllung dieses Lebensprinzips ist – wie beim Ehrprinzip Meister Antons – die **Gefühllosigkeit** eine Grundbedingung. Auch Leonhard zeigt nur ein wahres Gefühl: **Angst.** *Könnte mich einer hören, du hättest ihn längst gerufen!* (III/6, S. 85), davon ist der Sekretär, der Leonhard zum Duell abholt, überzeugt. Während Meister Anton lieber sein Leben verliert als seine Ehre, ist Leonhard sein Leben vor allem anderen lieb: **Sein Ich** ist sein **einziger Halt.** Um sein Leben zu sichern, ist er bereit, alle seine geschickt eingefädelten Pläne fallen zu lassen und bietet an, Klara zu heiraten: *ich kann sie ja heiraten!* (III/6, S. 85).

Leonhard bleibt nicht siegreich, auch wenn er nicht – wie es die Bösewichter in der Literatur häufig tun – durch die eigenen Machenschaften zu Fall kommt. Für seine gerechte Strafe sorgt der Sekretär.

Der Sekretär

Der Sekretär wird allgemein als **Gegenfigur zu Leonhard** gesehen. Immerhin ist er derjenige, der den Verführer Klaras „ins Jenseits befördert", so etwas wie ein Rivale. Er gesteht Klara seine Liebe und will sie auch aus Liebe und nicht aus Berechnung heiraten. *Klara, werde mein Weib! Ich kam zu dir, um dir noch einmal auf die alte Weise ins Auge zu sehen* (II/5, S. 74).

Er spricht **herzlicher** mit Klara als jede andere Person im Drama, sodass Klara Mut fasst, in seiner Gegenwart die ganze Wahrheit über sich zu sagen. Mit den Worten *habe ich ein Recht, mich zu beklagen?* (II/5, S. 73) und *Ich bin schuld. Ich fühl's* (II/5, S. 75) drückt er aus, wie sehr er in der Lage ist, sich in Klaras Situation hineinzuversetzen. Er hat sie jahrelang nicht beachtet und versteht, dass sie dadurch in Leonhards Arme getrieben wurde.

Ähnlich wie Klara selbst zeigt der Sekretär, der nur an einer Stelle von Klara mit seinem Namen Friedrich angesprochen wird, **Mitgefühl, Verständnis und Liebe.**

Allerdings enttäuscht er die Hoffnung, die Klara im Gespräch mit ihm empfindet, bitter. An dieser Stelle erweist er sich als *ein zweiter Meister Anton*[1]:

> *Darüber kann kein Mann weg! Vor dem Kerl, dem man ins Gesicht spucken möchte, die Augen niederschlagen müssen? […] Oder man müßte den Hund, der's weiß, aus der Welt wegschießen!* (II/5, S. 76)

Hier geht es darum, dass der Sekretär es nicht ertragen kann, **öffentlich verachtet** und **in seiner Ehre gekränkt** zu werden. Er kann Klara dann heiraten, wenn es keinen Zeugen seiner Schande gibt, wenn der *Hund, der's weiß,* nicht mehr lebt. Zwar sagt er, bevor er geht: *Ich fühle, was ich dir schuldig bin!,* er tut aber das, was er seiner Vorstellung von Männlichkeit schuldig zu sein glaubt! Er fordert Leonhard zum Duell.

1 vgl. Kraft (s. S. 64), S. 110

Erst anschließend, dem Tode nahe, erkennt er die Sinnlosigkeit seines Handelns. Mit letzter Kraft versucht er, Klara noch zu helfen, indem er Meister Anton versöhnlich stimmen will (vgl. III/11, S. 92 f.). Als die Nachricht von Klaras Selbstmord kommt, befreit er sich von allen **falschen bürgerlichen Moralvorstellungen.** Er spricht aus, worin seine und auch die **Schuld** Meister Antons besteht: Beide haben die **öffentliche Meinung** über das für Klara lebensnotwendige **Mitgefühl** gesetzt. *Er hat sie auf den Weg des Todes hinaus gewiesen, ich, ich bin schuld, daß sie nicht wieder umgekehrt ist* (III/1, S. 93).

Das alte und das neue Wertesystem

Die Personen des Dramas handeln nach bestimmten gesellschaftlich gesetzten Werten und Verhaltensregeln (= Normen), die gemeinsam ein **Wertesystem** bilden.

Dabei wird deutlich, dass nicht alle Personen ihr Leben nach denselben Werten und Normen richten. In Bezug auf die grundlegende Orientierung der Personen hat das gesellschaftliche Wertesystem in »Maria Magdalena« also verschiedene Ausprägungen.

Man kann von zwei unterschiedlichen Grundorientierungen sprechen, die jeweils von bestimmten Personen des Dramas vertreten werden. Es gibt also **zwei Wertesysteme, die aufeinander stoßen** (vgl. hierzu S. 6/7).

- ✔ Das am Begriff der **Ehre** orientierte **alte Wertesystem** wird am deutlichsten durch Meister Anton vertreten. Auch seine Frau und der Sekretär (ausgenommen seine Schlussreaktion) sind hier einzuordnen.
- ✔ Dem am Begriff **Egoismus** festzumachenden **neuen Wertesystem** folgen vor allem Leonhard und Karl.

(Klara ist hier nicht zugeordnet worden, weil sie sich durch ihre Orientierung an menschlichen Grundwerten wie Liebe, Mitgefühl und Wahrhaftigkeit keinem dieser Wertesysteme unterwirft, auch wenn sie nach außen dem Wertesystem des Vaters folgt.)

Zunächst erscheinen beide Wertesysteme als einander völlig **entgegengesetzt.**

Das **alte Wertesystem** bindet die Menschen an überlieferte Werte, die als allgemein gültig und unumstößlich angesehen werden. Es sind vor allem Werte, die sich auf den Arbeitsbereich beziehen und die Familie einschließen. Sie laufen letztlich auf eine **bedingungslose Pflichterfüllung** hinaus: Wer seine Pflicht erfüllt, wahrt seine Ehre, und die **Ehre** ist **identisch mit dem Selbstwertgefühl.** Solange die **Ehre** gewahrt bleibt, ist der Mensch „etwas wert".

Dieses Wertesystem entspricht im Grunde dem der Ständegesellschaft, einem Herrschaftssystem der Über- und Unterordnung, in dem der Einzelne eine festgelegte Position hat, die durch moralische Anschauungen, Rechte und Pflichten eng umgrenzt ist. Jeder Stand hat seinen festen Platz in der Hierarchie (auf Über- und Unterordnung begründetes System). Die Hierarchie gilt als unveränderbar, weil Gott (als unbezweifelbar gedacht) die letzte und höchste Instanz ist.

Das neue Wertesystem kennt keine Bindung an festgelegte, für ewig gültig erklärte Werte und Normen. Es setzt keinen Gott und keinen anderen unumschränkt wirkenden Herrscher ein. Es sind ausschließlich Werte, die sich am einzelnen Menschen orientieren und sich auf dessen wirtschaftlichen Erfolg beziehen. Wer wirtschaftlich (= finanziell) erfolgreich ist, gilt etwas; letztlich ist ganz banal das **Geld der Maßstab für das Selbstwertgefühl** (wobei Geld auch gleichbedeutend mit Genuss und Vergnügen ist, weil beides als vom Geld abhängig gedacht wird). Solange er genügend **Geld** hat, ist der Mensch „etwas wert".

Das neue Wertesystem entspricht der aufkommenden kapitalistischen Wirtschaftsordnung, deren **Ziel das Wachstum des**

Kapitals ist. Der Platz des Einzelnen in der Gesellschaft ist durch **Leistung** veränderbar. Das Sprichwort „Jeder ist seines Glückes Schmied“ drückt diese Vorstellung aus. Dabei gibt es Einschränkungen. Der Einzelne darf zwar „über Leichen gehen“, darf das aber nicht sichtbar werden lassen, ohne sein Ansehen zu beschmutzen. (Der Schriftsteller Heinrich Mann drückt das später so aus: *wo das Herz sitzt, nichts haben als die Anbetung des Erfolges*[1]*.)*

So verschieden die beiden Wertesysteme sind, so haben sie doch **dieselben Folgen:** Die Menschen, die sich bedingungslos unterwerfen, ob dem alten oder dem neuen System, werden „blind“ für nicht dem System entsprechende menschliche Bedürfnisse. Sie werden zu Marionetten an den Strippen Ehre bzw. Erfolg, gelenkt von „Gott“ oder dem eigenen Ego. Sie schaden so sich und den anderen.

In **Leonhard** und **Meister Anton** stoßen Vertreter beider Wertesysteme am härtesten aufeinander. Beide folgen dem jeweiligen **Diktat ihres Wertesystems** bedingungslos:

- ✔ Sie lassen Gefühle wie Liebe oder Trauer nicht zu.
- ✔ Sie orientieren sich allein am Urteil der Leute.
- ✔ Für sie gibt es niemanden, dem sie vertrauen, nicht einmal der Geliebten, der Ehefrau oder den eigenen Kindern.
- ✔ Sie kennen kein Mitleid.

Durch den **Zusammenstoß beider Wertesysteme,** verkörpert durch Meister Anton und Leonhard, kommt es zur **tödlichen Katastrophe für Klara.** Hätte Leonhard den Ehrbegriff Meister Antons, dürfte er Klara nicht sitzen lassen. Hätte Meister Anton Leonhards Orientierung am Erfolg, besäße er die 1000 Taler noch und Leonhard hätte das Interesse an der Heirat mit Klara nicht verloren.

Klara ist die einzige Figur, die sich am lebendigen Menschsein orientiert (und zum Schluss der Sekretär). Sie erkennt die Un-

---

1 Heinrich Mann: Kaiserreich und Republik. In: ders.: Macht und Mensch. München 1919, S. 222

menschlichkeit ihres Vaters: *Vater, Er ist schrecklich!* (I/7, S. 60) und Leonhards: *Unwürdiger!* (I/5, S. 47). Doch ihre Erkenntnis hilft ihr nichts, weil sie niemanden hat, der sie unterstützt. So wird sie **zum Opfer von Wertesystemen,** die einander in ihren Auswirkungen gleichen: Sie behindern Individuen bei der Entfaltung ihrer Menschlichkeit und **zerstören die Individualität** auf menschenverachtende Weise.

Wenn Hebbel schreibt: *[…] der Alte […], Leonhard […], der Sohn, der Secretair, sie Alle sind im Recht*[1], so kann das auf dem Hintergrund seiner Maxime *Alles Leben ist Raub des einen am andern*[2] wohl gelten, und Klaras Liebesfähigkeit und Menschlichkeit kann dann folgendermaßen verstanden werden:

> *Ich habe oft das Gefühl, als ständen wir Menschen (d.h. jeder einzelne) so unendlich einsam im All da, daß wir nicht einmal einer vom andern das Geringste wüßten und daß all unsre Freundschaft und Liebe dem Aneinanderfliegen vom Wind zerstreuter Sandkörner gliche.*[3]

Doch ist es wohl eher so, dass Hebbels »Maria Magdalena« historisch gesehen den **Sieg des Prinzips der kapitalistischen Erfolgsmoral** (vgl. Leonhard und Karl) **über das Prinzip der redlichen Handwerksarbeit** (vgl. Meister Anton) in der Mitte des 19. Jahrhunderts zeigt und dabei an beiden Wertesystemen ihren **Gegensatz zum Menschlichen** hervorhebt und im Tod Klaras anklagt.

1 B vom 5.12.1843 an Elise, in: Briefe (s. S. 64), Bd. II, S. 342 f.
2 T 2303 vom März 1841, in: Tagebücher (s. S. 64), Bd. 1, S. 431
3 T 484 vom Dez. 1836, a.a.O., S. 85

Aufgaben mit Lösungstipps

Zu den häufigsten Aufgaben gehören die, in denen die Hauptfiguren des Dramas im Mittelpunkt stehen. Gern werden auch Textausschnitte ausgewählt, die analysiert werden sollen. Zu beiden Aufgabenarten werden im Folgenden einige Varianten vorgestellt und mögliche Lösungen umrissen.

? 1. Entwickeln Sie anhand der Darstellung der Figur Meister Antons die **Bedeutung des Begriffs Ehre.**

! **Textstellen:** I/5–7, II/1 und 3, III/10 und 11

In seinem ersten Auftritt im Drama (I/5) wird Meister Antons **Orientierung an Äußerlichkeiten,** an dem, was „man“ tut, deutlich:

- ✔ Sonntäglicher Kirchgang ist unumgänglich.
- ✔ Die Dankbarkeit seinem alten Meister Gebhard gegenüber sieht er als eine Pflicht, die er erfüllen muss.

I/7 nennt ihn den *ehrlichste[n] Mann in der Stadt* (S. 59) und zeigt, dass es ihm nur auf **das öffentliche Ansehen** ankommt: Dadurch, dass sein Sohn des Diebstahls verdächtigt wird, ist ein Spaziergang für ihn *Spießruten laufen* (S. 61); aus **Angst vor dem Verlust der Ehre** zwingt er Klara den Schwur ab. II/1 (= sein einziger Auftritt im II. Akt) erläutert umfassend seinen **Ehrbegriff** und seine **völlige Abhängigkeit vom öffentlichen Ansehen** (es ist wichtiger als sein Leben: vgl. die Selbstmorddrohung, S. 65). *Wie ein nichtswürdiger Bankerottierer steh ich vor dem Angesicht der Welt* ist das Fazit aus Karls Verhaftung; **nur** das öffentliche Urteil hat Bedeutung, es muss lauten: *an den Eltern hat's nicht gelegen* (S. 64)! Seine Ehre ist sein **Lebensnerv,** nur Schande allein ist ihm unerträglich, alles andere erträgt er (vgl. S. 66).

In II/3 wird sein starrer Ehrbegriff als **Ursache der unglückseligen Verkettungen** sichtbar (vgl. Klaras Darstellung seiner Beleidigung des Gerichtsdieners, S. 70).
III/10 und 11 beweisen, dass Meister Anton seinen starren Ehrbegriff bis zum Schluss beibehält und ihn **höher stellt als das Leben.**

? 2. Stellen Sie die **Beziehung zwischen Klara und ihrem Vater** dar und nehmen Sie Stellung.

! **Textstellen:** I/7, II/1 (gemeinsame Auftritte), I/3, III/2 und 4 (Klara über ihren Vater), III/11 (Meister Anton über Klara)

I/7 = die erste ausführlicher dargestellte Begegnung:

- ✔ Klaras Situation ist extrem belastend (Tod der Mutter, Entlobung).
- ✔ Meister Anton reagiert mit regelrechtem **Psychoterror** auf die Vermutung, Klara sei nicht mehr unberührt (Schwur auf ihre Unschuld).
- ✔ Klara ordnet sich unter, schwört in abgewandelter Form, und Meister Anton ist zufrieden.
- ✔ **Die Machtposition des Vaters bleibt unwidersprochen.**

II/1 = die letzte direkte Begegnung zwischen Klara und ihrem Vater (in III/11 wird ihre Leiche gebracht):

- ✔ Der Vater formuliert den Anspruch an seine Tochter:

> *Werde du ein Weib, wie deine Mutter war, dann wird man sprechen: an den Eltern hat's nicht gelegen, […] denn die Tochter wandelt den rechten Weg und ist allen andern vorauf.* (S. 64)

- ✔ Der *rechte Weg* heißt **Gehorsam dem Vater gegenüber,** da er sein Lebensprinzip für das unumstößlich richtige hält.
- ✔ Klaras Verhalten zeigt die geforderte **Unterwerfung:** Ihre Einwände zum Urteil über Karl prallen an der starren Hal-

tung des Vaters ab, die bis zum Schluss keine Veränderung erfährt (vgl. Interpretation, S. 47).

Klara **versteht ihren Vater:**

> *Und wie die Männer sind! Die schämen sich ihrer Tränen mehr als ihrer Sünden! Eine geballte Faust, warum die nicht zeigen, aber ein weinendes Auge? Auch der Vater!* (I/3, S. 40)

III/4 = Klara im Gespräch mit Leonhard:
Sie schützt die väterliche Lebenshaltung bis hin zur Selbstaufgabe: *Nur eins noch: mein Vater weiß von nichts, […] und damit er nie etwas erfährt, geh ich noch heute aus der Welt!* (S. 83) (Vgl. auch das Hinstellen des *Abendtranks* für den Vater als letzte Tat vor ihrem Selbstmord in III/8, S. 90.)

Liebe und Verständnis der Tochter finden beim Vater weder Anerkennung noch Gegenliebe. Klaras Tod ist **in doppelter Hinsicht vergeblich:** Sie hat ihr Ziel nicht erreicht, dass ihr Vater *nie etwas erfährt,* und sie hat das Herz des Vaters nicht erreicht.

3. Analysieren Sie das **Lied vom jungen Schiffer** (III/8–9).

Textstellen: vier kurze Teilstücke während des Gesprächs mit Klara in III/8, zwei Teilstücke in Karls Monolog III/9, der Text wird gesungen

Inhaltliche Anknüpfung an das **Motiv einer Reise ohne festes Ziel** (typisch für lyrische Texte der Zeit der Romantik von 1800–1830):

- ✔ vgl. Eichendorffs Gedicht *Frische Fahrt* von 1815: *Fahre zu! Ich mag nicht fragen,/Wo die Fahrt zu Ende geht!*
- ✔ Karls Lied: *Da ist's mir nur ums Fahren,/Wohin? Das gilt mir gleich!* (III/9, S. 91)

- ✔ **Bild des Schiffes** (geläufig für das menschliche Leben, vgl. Begriff Lebensschiff).
- ✔ **Bild des Meeres** (geläufig für Abenteuer und Freiheit).
- ✔ Die Adjektive *frisch, flugs, geschwind* sind gemeinsam mit den Verben *sausen* und *fliegen* im ersten Teil des Textes (III/8) ein Hinweis auf die Eile, mit der Karl das Elternhaus verlassen will, nichts kann ihn aufhalten (folgerichtig auch nicht Klaras tiefe Seelennot, die er nicht bemerkt).
- ✔ Die Adjektive *kühn, munter, keck* weisen auf das von Karl Erhoffte hin; diese Eigenschaften gefallen ihm, sie stehen im Gegensatz zu den Eigenschaften, die in seiner Familie, besonders vom Vater, geschätzt werden.
- ✔ Die Verben *blähen, kreisen, brennen, umgaukeln, hineinspringen* drücken allgemein Bewegung aus, aber auch Leichtigkeit und Kraft. Alles das steht im Gegensatz zum Verhalten in seiner Familie und drückt Karls Wünsche aus.
- ✔ *Ich bin ja jung von Jahren,/Da ist's mir nur ums Fahren* drückt wiederum den Gegensatz zum Alter und zur Starre seines Vaters aus.

Es lässt sich eine **Verbindung zu Klaras Situation** herstellen:

- ✔ Klaras Gedanken in III/8 kreisen um das Weggehen: *so aus dem Hause, so aus der Welt!* (S. 90)
- ✔ Während Klara zum Brunnen geht, um sich zu töten, singt Karl das Lied zu Ende (III/9).

Karl sucht außer Haus das Abenteuer (Gegensatz: Gefängnis des Elternhauses, Freiheit und Weite des Meeres), Klara sucht außer Haus den Tod:

- ✔ Doppeldeutigkeit des Verses *wär' gern hineingesprungen* (III/9).

> Das Lied drückt Karls Lebensprogramm aus, das im krassen Gegensatz zum Programm seines Vaters steht. Es zeigt auch den Kontrast zu Klara sowie Karls Unfähigkeit, mit ihr zu fühlen.

? 4. Zeigen Sie anhand von Klaras Monologen ihre **seelische Entwicklung** auf.

! **Textstellen:** I/3 (Szenenschluss nach dem Gespräch mit der Mutter), II/2, II/4, II/6 (Einzelszenen, jeweils im Anschluss an ein Gespräch)

Themen aller Monologe sind: **Klaras Schuld** (1) und mögliche **Sühne** (2):

- ✔ zu 1: Klara gibt sich die Schuld an der **Krankheit der Mutter** (I/3).
- ✔ Klara gibt sich die Schuld am **Zustand ihres Vaters** (Monologe im II. Akt).
- ✔ zu 2: Nach dem Gespräch mit der Mutter verlockt der Gedanke, ein Opfer zur Sühnung ihrer Schuld zu bringen (I/3).
- ✔ Klara hofft auf Gott, sie will als Opfer für den Vater sterben (II/2).
- ✔ Sie nimmt alles **allein** auf sich (II/4).
- ✔ *Da hatte sich wieder was, wie eine Hoffnung, in dir aufgetan!* (S. 76) zeigt, dass Klara sich von Friedrich Rettung erhoffte; anschließend (denn die Hoffnung wurde zunichte gemacht) **verurteilt** sie **sich selbst** zur Gefangenschaft in ihrer inneren *Hölle;* ihr Vater spricht **in ihr:** *Nun, Klara?* und sie antwortet: *Ja, Vater, ich gehe!* (S. 77). Auch die Alternative zum Selbstmord, ein Leben mit Leonhard, ist ihr *tiefstes Elend* (II/6).
  (Nach III/4 ist endgültig keine, auch noch so geringe Hoffnung mehr auf Rettung vor dem Selbstmord.)

Dramaturgische Bedeutung der Monologe:

- ✔ Retardierung (= Verzögerung der Handlung);
- ✔ durch die Häufung im II. Akt (ein Monolog folgt auf jede Dialogszene) Verschiebung des Handlungsschwerpunkts auf Klara;
- ✔ durch die detaillierte Darstellung ihres psychischen Zustands Motivierung des Selbstmords.

5. Erarbeiten Sie eine **vergleichende Charakterisierung** Leonhards und des Sekretärs.

Textstellen: I/4, III/1–5 (zu Leonhard), II/5 (zum Sekretär), III/6 (zu beiden)

I/4 und II/5 (Gesprächsszenen mit Klara) zeigen die **stark gegensätzliche Anlage** beider Figuren:

Leonhard in I/4:	**Der Sekretär** in II/5:
tritt **grußlos** ein	grüßt mit *Guten Tag!*
beklagt sich über Klaras Verdrießlichkeit	**versteht** Klaras Bedrücktheit
ist **vorwurfsvoll**	ist **vertrauensvoll**
prahlt, wie listig er ist	gesteht seine Schuld ein
ihm geht es um die **Mitgift**	ihm geht es um die **Liebe**

Für Leonhard gelten als allgemeine Lebensregeln Kalkulation und Konzentration auf das materiell Beste, für den Sekretär Offenheit und Spontaneität.

Trotz des starken Kontrasts gibt es **Gemeinsamkeiten:**

- ✔ Vorrang der Karriere (vgl. Studienjahre des Sekretärs)
- ✔ Lebensorientierung an von außen gesetzten Regeln (bei Leonhard der Erfolg, beim Sekretär die Ehre einer Männermoral, die Rache am Beleidiger fordert).

Das **Ergebnis dieser beiden Orientierungen** ist für Klara **dasselbe:** Beide lehnen die Heirat mit ihr ab, weil die Rechnung nicht aufgeht. Dem einen fehlt die Mitgift, dem anderen die unbefleckte Männerehre. Auch wenn Friedrich die Heirat mit Klara beabsichtigt, sobald Leonhard als Täter und Mitwisser aus der Welt ist, **hilft es** Klara **nicht,** weil er es ihr nicht sagt. Sie weiß nichts davon, hat deshalb keine Hoffnung mehr und wäre zudem nach dem Duellausgang doch in derselben Lage.

Aber: der Sekretär zeigt am Ende seine **Menschlichkeit.** *Er hat den Punkt erreicht, von wo aus die Übersicht möglich wird*[1].

> *[…] ich, statt sie, als ihr Herz in namenloser Angst vor mir aufsprang, in meine Arme zu schließen, dachte an den Buben, der dazu ein Gesicht ziehen könnte, und – nun, ich bezahl's mit dem Leben, daß ich mich von einem, der* ***schlechter*** *war als ich, so* ***abhängig*** *machte, […]* (III/11, S. 94),

lautet seine **Selbsterkenntnis,** die ihn wiederum in den stärksten **Kontrast zur egoistischen Lebenshaltung Leonhards** stellt. Egoisten kennen keine Verantwortung.

Literaturverzeichnis

Hebbel, Friedrich	Tagebücher. Stuttgart 1963 (Reclam UB 8247–52), Bd. 1–3 (zitiert: T…)
ders.	Briefe. Historisch-kritische Gesamtausgabe, hg. von Reiner Maria Werner, Berlin 1911 ff. (zitiert: B…)
Grundmann, Hilmar	Tatort: Familie. Täter: Die menschliche Gesellschaft. In: Häntzschel, Günter (Hg.): Alles Leben ist Raub. München 1992, S. 151–163)
Kaiser, Herbert	UR: Zur Deformation sozialer Vernunft. In: literatur für leser, H. 3/79, S. 212 ff.
Kraft, Herbert	Poesie der Idee. Die tragische Dichtung Friedrich Hebbels. Tübingen 1971
v. Matt, Peter	Liebesverrat. Die Tendenzen in der Literatur. München und Wien 1989, S. 353 ff.
Pilz, Georg	Deutsche Kindesmord-Tragödien. München 1982

---

1 T 2926 vom 8.12.1843, in: Tagebücher (s. S. 64), Bd. 2, S. 55